Weigert/Weigert · Schuleingangsphase

Die Reihe Werkstattbuch Grundschule
wird herausgegeben von Dieter Haarmann

Hildegund Weigert/Edgar Weigert

Schuleingangsphase

Hilfen für eine kindgerechte Einschulung

4. Auflage

Beltz Verlag · Weinheim und Basel

Hildegund Weigert, Jg. 1943, Grund- und Hauptschullehrerin, Fachberaterin für Erstunterricht, seit 1985 Rektorin der Grundschule Seelze.

Edgar Weigert, Jg. 1925, Lehrer an Grund- und Hauptschulen, Schulleiter 1962–1974, Schulamtsdirektor 1974–1979, seit 1979 Regierungsschuldirektor bei der Bezirksregierung in Hannover.

Die Deutsche Bibliothek – CIP-Einheitsaufnahme

Weigert, Hildegund:
Schuleingangsphase : Hilfen für eine kindgerechte Einschulung
/ Hildegund Weigert ; Edgar Weigert. – 4., unveränd. Aufl. –
Weinheim ; Basel : Beltz, 1995
   (Beltz Praxis) (Reihe Werkstattbuch Grundschule)
   ISBN 3-407-62127-2
NE: Weigert, Edgar:

2., überarbeitete Auflage 1991
4., unveränderte Auflage 1995

Lektorat: Peter E. Kalb

© 1989 Beltz Verlag · Weinheim und Basel
Satz: Fotosatz Horst Kopietz, Hemsbach
Druck: Druckhaus Beltz, Hemsbach
Umschlagabbildung: Michael Lange, Hamburg
Umschlaggestaltung: Atelier Warminski, Büdingen
Printed in Germany

ISBN 3-407-62127-2

Inhalt

Vorwort

Wozu dieses Buch?
Statt eines Vorwortes: ein kritischer Literaturrückblick

Noch ein Buch über den Schulanfang? Vergessen sind die Zeiten, so scheint es, in denen Praktiker wie Theoretiker auf nicht mehr als gerade *ein* ernstzunehmendes Buch zurückgreifen konnten, das fundiert und umfassend über psychologische Grundlagen, pädagogische Konzepte und praktische Möglichkeiten des Schulanfangs zu unterrichten wußte: Fast zwanzig Jahre lang, von 1954 bis 1973, hatte Ilse Rothers Klassiker „Schulanfang" eine Art ungewollten Informationsmonopols inne (Frankfurt 1954, 7. Aufl. 1969).

Gute Tradition der Reformpädagogik

Verständnisvoll ging Ilse Rother (später Lichtenstein-Rother) auf den Sozialisationsbruch zwischen familiärer und schulischer Erziehung ein, beschrieb in guter reformpädagogischer Tradition die Erziehungsaufgabe von Schul- und Gemeinschaftsleben und umriß bis ins zweite Schuljahr hinein das gesamtunterrichtliche Lernspektrum des Schulanfängers, dessen kognitive Fähigkeiten noch keineswegs überstrapaziert wurden.

Warnung vor falschen Alternativen

Der Schulanfang schien hier noch geborgen in der heilen Welt der Reformpädagogik, bis im Vorfeld des Frankfurter Bundesgrundschulkongresses 1969 Erwin Schwartz in seiner kleinen Studienhilfe (Braunschweig 1968) auf einen drohenden Konzeptionskonflikt hinwies. Im Banne des Sputnik-Schocks hatte vor allem die angelsächsische Lernpsychologie ungeahnte Reserven im kognitiven Potential des Vorschulkindes und des Schulanfängers zu entdecken geglaubt. Statt reifungspsychologisch begründetem „Wachsenlassen" hieß nun forciertes „Intelligenztraining" die Parole. Schwartz suchte solcher Fehlentwicklung vorzubeugen, indem er die erkannte Bildungsfähigkeit des Kindes der besonderen sozialen Verantwortung des (Klassen-)Lehrers unterstellte und der nun unumgänglichen fachlichen Aufgliederung des alten Gesamtunterrichts die neue Aufgabe einer differenzierten Förderung aller, insbesondere aber der lernbenachteiligten Schulanfänger zuwies.

Didaktisch konkretisierte sich dieses Konzept in zahlreichen praxisbezogenen Beiträgen aus dem „Arbeitskreis Grundschule", von Erwin Schwartz zusammengefaßt in dem Sammelband „Modell erstes Schuljahr" (1975) – ergänzt durch den Elternband von Liebrecht/Haarmann/Schwartz „Unser Kind kommt zur Schule" (1975), der nicht nur um Verständnis für den modernen Anfangsunterricht wirbt, sondern vor allem zur Verbesserung seiner von Staats wegen vernachlässigten Rahmenbedingungen aufruft.

Diese seinerzeit sehr erfolgreiche Informationsschrift wird im Auftrag des Arbeitskreises Grundschule auf jeweils aktuellstem Stand weitergeführt von Naegele/Portmann/Kalb mit ihrem „Elternratgeber Schulanfang" (1986 ff.). Die derzeitige Einschulungspraxis wird kritisch vorgestellt, die Eltern werden ermuntert, die Rechte ihrer Kinder wahrzunehmen und für bessere Einschulungsverfahren einzutreten.

Das Problem des Übergangs

Zu diesen notwendigen Verbesserungen zählt nicht zuletzt die Überwindung des Bruchs zwischen Elementar- und Primarbereich, zwischen vorschulischem und schulischem Lernen. Entscheidend sind dabei die ersten Schulwochen, deren inhaltlicher Gestaltung sich Claussens „Praktische Vorschläge für einen besseren Übergang ins Schulleben" (1977) widmen. Besondere Bedeutung gewinnt die Zusammenarbeit mit den Eltern, um einerseits auftretende Leistungsängste bei Schulneulingen abbauen und andererseits schulorientierende und sozialisationsfördernde Lernsituationen schaffen zu können.

Die hier angedeuteten Möglichkeiten einer „gleitenden Schulanfangsphase" werden ausführlicher entfaltet in Hans Arno Horns Sammelband zur „Zusammenarbeit von Kindergarten und Grundschule" (1982). Nach grundsätzlichen Überlegungen zum Verständnis beider Institutionen stellen sich praktisch erprobte Kooperationsmodelle vor, die unter Einbeziehung von Sozialpädagogik und Gemeinwesenarbeit einen kontinuierlichen Übergang vor allem den Problem- und den Ausländerkindern ermöglichen sollen.

„Hilfen und Hinweise für eine kindorientierte Einschulungspraxis" vom Beginn der Schulpflicht und der Schulanmeldung über die schulärztliche Untersuchung, die Feststellung der Schulfähigkeit („Schulreifetest"), über vorläufige Kontakte mit der künftigen Schule bis zur Schulaufnahmefeier und die ersten Schultage gibt Rosemarie Portmann (1988).

Die Einseitigkeit fachlicher Leistungsorientierung

Solche „ganzheitlichen" Ansätze erscheinen umso wichtiger, als sich seit der 1970 propagierten „Wissenschaftsorientierung" die Leistungsansprüche der einzelnen Schulfächer auch im Anfangsunterricht immer stärker zu Wort melden – sehr zum Schaden des hier unverzichtbaren Klassenlehrerprinzips. Das spiegelt sich etwa wider in dem von Erhardt Schmidt herausgegebenen „Standardwerk des Lehrers" für das erste Schuljahr (1973), in das allerdings einige hochkarätige Fachdidaktiker nützliche Informationen zu den einzelnen Lernbereichen einbringen – erstaunlicherweise unter Auslassung des so wichtigen Gebietes des Erstschreibunterrichts.

Vollständiger, aber noch fach- und leistungsbezogener, präsentiert sich Rabensteins „Erstunterricht" (1974). Die einheitlich gegliederten Beiträge bieten eine historische, sachstrukturelle und didaktische Aufarbeitung von nicht weniger als 10 (!) Unterrichtsdisziplinen, wobei verständlicherweise wichtige fachübergreifende Reformansätze des Erstunterrichts unter den Tisch fallen. Um solche bemüht sich das dreibändige „Handbuch Schulanfang" von Mauthe-Schonig u. a. (1979–1981). Deutlich steht hier das Anliegen im Vordergrund, schulische Lernprozesse in ein Sozialisationsgeschehen einzubinden, das der Schulangst und dem Schulversagen durch planvolle (gelegentlich aber allzu dirigistische) Förderung von Motivation, Kommunikation und Kooperation vorbeugt – wiederum unter besonderer Berücksichtigung der ersten Schultage und unter Einbeziehung mannigfacher Elternaktivitäten, leider aber unter Aussparung von Mathematik und Schreiben.

Verlust eines übergreifenden Konzepts?

Bleibt nach alledem die Frage, ob es heute noch so etwas wie ein übergreifendes, die „elementaren" Fachlehrgänge pädagogisch integrierendes Verständnis vom Anfangsunterricht gibt – eine „Theorie des Schulanfangs" wenn man so will. Zu wenig beachtet blieb hier der Versuch von Giel und Hiller, aus den leiblichen Bedürfnissen und Erfahrungsmöglichkeiten der Schulanfänger einen „curricularen Zusammenhang für das erste Schuljahr" (1971) abzuleiten – vielleicht, weil allen über den herkömmlichen Schuldrill hinausgehenden Bemühungen von den administrativen Rahmenbedingungen des „ersten Pflichtschuljahres" allzu enge Grenzen gesetzt sind, wie Haarmann (1975) nachzuweisen suchte.

Ebenso realistisch wie konstruktiv erscheint da Wenzels Unternehmen, den „Anfangsunterricht" (1979) in der Kontinuität von reformpädagogischen und „wissenschaftsorientierten" Ansätzen zu begründen. Als sehr hilfreich erweist sich die differenzierte Funktionsbeschreibung, die Wenzel für den Anfangsunterricht vornimmt:

1. Weiterführung vertrauter Bezüge (z. B. im Spiel)
2. Weiterentwicklung sozialer Handlungsfähigkeit (z. B. im Schulleben) und
3. Neubeginn unter bisher ungewohnten Sachanforderungen (z. B. in den Lehrgängen).

Die Konsequenz ist ein „offenes" Unterrichtskonzept, in dem freie, selbständige und planmäßig gelenkte Schüleraktivitäten sich polar ergänzen.

Ähnlich sucht Meiers in seinem Sammelband „Schulanfang – Anfangsunterricht" (1981) die – hier erfreulicherweise curricular kompletten – fachdidaktischen Beiträge unter fächerübergreifende Gesichtspunkte zu stellen. Um dem Kind vor allem in den ersten Schulwochen eine Orientierung im Schulsystem, die soziale Integration und die Anbahnung einer bewußten Lernhaltung zu ermöglichen, hat der Anfangslehrer Grundsätze zu beachten, die ihn in der Tat nicht nur als Fachlehrer, sondern als Pädagogen fordern: Er hat die Kontinuität kindlicher Lernprozesse zu wahren gegen abrupte Sachanforderungen, die inhaltliche Grundlegung gegen verfrühte Einseitigkeiten, die Lernfreude gegen Erfolgszwang und die Identifikationsmöglichkeit des Kindes mit der Schule gegen Schulmüdigkeit und Schulangst.

So erscheint es nur konsequent, wenn Susteck (1982) die Probleme eines „kindgerechten Schulanfangs" weniger in dessen Sachanforderungen als im Sozialisationsweg des Kindes sieht. Unter diesem Blickwinkel baut sich aus der Kooperation zwischen Elternhaus, Kindergarten und Grundschule, aus Hilfe zur sozialen Integration des Kindes vor und nach dessen Einschulung, aus Formen der inneren Differenzierung und Veranstaltungen des Schullebens bis hin zu einer sinnvollen Hausaufgabenpraxis ein pädagogischer Handlungsrahmen auf, in den sich nun auch die Inhalte des Anfangsunterrichts fächerübergreifend eingliedern.

Verwirklichen lassen sich solche Konzepte sicher nur in einer „ökologischen Wende" der Didaktik, welche die Lernumwelt des Kindes nicht nur als vorgegebenen Bedingungsrahmen, sondern auch als gegenwärtig wirksamen Bildungsfaktor einbezieht, worauf u. a. aus schulpsychologischer Sicht die interessante Studie von Horst Nickel über „Schulreife und Schulversagen" (1981) hinweist.

Schulanfang aus der Sicht der Praktiker

Die Praktiker wissen dies freilich schon längst. Man braucht nur in Ute Andresens mitreißenden Bildbänden über das erste (1973) und zweite Schuljahr (1980) zu blättern, um hautnah mitzuerleben, was Schule für den Schulanfänger sein kann: ein bunter, aktivierender Lebens- und Erfahrungsraum, dessen Reichtum an Anschauungs- und Arbeitsmaterial sich über den Klassenraum hinaus ausdehnt bis zum Gemüse- und Supermarkt, zum Schrebergarten, Spielplatz, Museum und zur Bushaltestelle, und wo der Lehrer als Bezugsperson ergänzt wird durch „Lebensfachleute", angefangen von Eltern über Marktfrau und Bäcker bis zum Polizisten.

„Leben und Lernen im ersten Schuljahr" heißt denn auch programmatisch der Bild-Text-Band von Herbert und Meiers (1980). Es geht um Reflektion und Realisation von Ansätzen aus der Reformpädagogik bis zum Plowden-Report, die Schule für das Kind zu einem „Lebensraum" auszugestalten, in dem Schulanfänger nicht „konditioniert" und „qualifiziert" werden, sondern den „Sinn des Lernens und dessen Zusammenhang mit ihrem eigenen Leben erfahren", wie Ilse Lichtenstein-Rother in ihrem Vorwort vermerkt.

Unter dieser Zielperspektive unternehmen es auch Borgmeier und ihr Autorenteam, die „Situation Schulanfang" (1982) aus der Sicht der Betroffenen darzustellen: der Schüler, Lehrer und Eltern – und zwar nicht am Sonderfall eines exklusiven Modellversuches, sondern an Beispielen aus der Alltagspraxis mehrerer völlig normaler Grundschulen.

Den Kreis zurück zur theoretischen Besinnung aufs Grundsätzliche und zugleich zurück zu dem Klassiker, der unseren kleinen Literaturrückblick eröffnete, schließt Ilse Lichtenstein-Rother zusammen mit Edeltraud Röbe: „Grundschule- der pädagogische Raum für Grundlegung der Bildung" (1982). Dieses Buch faßt die Ergebnisse eines von der Universität Augsburg gemeinsam mit Grundschullehrern durchgeführten Forschungsprojekts zusammen, liest sich erfreulicherweise aber nicht so. Vielmehr meint man, eine aktuelle Fortsetzung von Ilse Lichtenstein-Rothers Bestseller „Das erste Schuljahr" vor sich zu haben, bereichert und differenziert freilich durch die Erfahrungen nicht mehr auflösbarer, pädagogisch auszuhaltender und aufzuarbeitender Widersprüche, etwa zwischen Erwartungen der Schüler und Ansprüchen der Schule, der Notwendigkeit grundlegenden Fundamentums für alle Schüler und den divergierenden Interessen der einzelnen, zwischen Ordnung und Freiheit und – und – und. Es wirkt bestechend, wie sich wissenschaftlich fundiertes Problembewußtsein hier verzahnt mit unverstellter Wirklichkeitsnähe, gestützt auf wiederholte historische Rückgriffe, zum Teil belegt mit kostbaren Faksimilezitaten. Im Endeffekt ebenso erhellend wie ermutigend.

Man sieht, über Mangel an Informationsmöglichkeiten und Handlungshilfen zum Schulanfang kann man sich nicht mehr beklagen. Wozu dann noch ein Buch zum Schulanfang?

Also nochmals: Warum dieses Buch?

Was zeichnet es aus vor dem geballten Sachverstand und Erfahrungsfundus der genannten vierundzwanzig Veröffentlichungen zum Schulanfang aus vierunddreißig Jahren? Zählen wir ein paar Punkte auf:

– *Erstens:* Dieses Buch konzentriert sich auf ein Problem, das in der übrigen Schulanfangsliteratur nur als eines unter anderen erscheint: die sogenannte *„Schuleingangsphase", die für alles folgende die Weichen stellt,* die Zeit zwischen Schulanmeldung und dem *Beginn der Arbeit mit den Lehrgängen,* dieses halbe Jahr also, in dem mehr oder weniger drohende Hinweise auf den „Ernst des Lebens", die schulärztliche Untersuchung, der „Schulreifetest" und schließlich die Klassenzuweisung soviel Ängste im Kind auslösen – erste Begegnungen und Kontakte mit der Schule, zum Beispiel vom Kindergarten aus, gemeinsame Feiern, Feste, Lieder usw. aber ebensoviel Vorfreude, Neugier und Vertrauen aufkommen lassen können.
– *Zweitens:* Die Autoren arbeiten dazu aus der *Sicht der Praktiker die aktuellen und wissenschaftlich gesicherten Erkenntnisse* über Voraussetzungen, Erscheinungsformen und Überprüfungsmöglichkeiten der individuellen Schulfähigkeit („Schulreife") auf, erläutern die einschlägigen Sozialisations- und Lerntheorien und die daraus abzuleitenden Interaktionsformen und Lernwege, sofern sie den Härtetest langjähriger Erprobung und Erfahrung bestanden und sich in der Mühle des Alltags bewährt haben.
– *Drittens:* Es ergibt sich dadurch ein empirisch gründlich gefiltertes, gesichertes und für jeden *praktikables Einschulungskonzept aus einer Hand:* kein Theorien- und kein Methodenchaos, keine ungesicherten kurz-, mittel- oder langfristigen Utopien, sondern die relativ nüchterne, doch von ebenso viel Liebe wie Verständnis für das Kind getragene Bestandsaufnahme eines Pädagogenehepaars, für das die pädagogische Zukunft durchaus schon begonnen hat, ja inzwischen zur alltäglichen Selbstverständlichkeit geworden ist.

Erstmals wird damit die – trotz aller Bemühungen um einen „gleitenden Übergang" zwischen Elementar- und Primarbereich verbleibende – institutionelle Stolperschwelle zwischen Familie bzw. Kindergarten einerseits und Grundschule andererseits in umfassendem theoretisch-praktischen Zugriff angegangen, werden für diese schwierige, in der Praxis meist nur durch tradierte Verlegenheitsmaßnahmen überbrückte Sozialisationsbruchstelle Denk- und Handlungshilfen geboten, die in langjähriger Praxis sich erhärtet und bewährt haben und die Forderungen nach „kindorientierter" Schulreform zu selbstverständlicher Realität haben werden lassen. Daß eine solche Realität um sich greifen möge, zum

Wohle der Kinder, zur Freude der Eltern und hoffentlich auch der Lehrerinnen und Lehrer, dazu könnte dieses Buch beitragen.

Dieter Haarmann

Literatur

1. Andresen, Ute: Das zweite Schuljahr, München 1980
2. Borgmeier, Christa/Fölling-Albers, M./Nilshon, I.: Situation Schulanfang, Stuttgart 1980
3. Claussen, Claus: Einschulung und Erstunterricht, Freiburg 1975
4. du Bois-Reymond/Söll, B.: Handbuch Schulanfang II, Weinheim 1980
5. Giel, Klaus/Hiller, G. G.: Vorläufiger Entwurf eines curricularen Zusammenhangs für das erste Schuljahr. In: Reflektierte Schulpraxis, Folge S. 6, Villingen 1971, S. 1–13
6. Günther, Klaus B.: Handbuch Schulanfang III, Weinheim 1981
7. Haarmann, Dieter: Das erste Pflichtschuljahr in der Bundesrepublik Deutschland. In: Deutscher Bildungsrat (Hrsg.): Die Eingangsstufe des Primarbereichs, Bd. 1, Stuttgart 1975, S. 99–189
8. Herbert, Michael/Meiers, K.: Leben und Lernen im ersten Schuljahr, Stuttgart 1980
9. Horn, Hans-Arno (Hrsg.): Kindergarten und Grundschule arbeiten zusammen, Weinheim 1982
10. Lichtenstein-Rother, Ilse/Röbe, E.: Grundschule – der pädagogische Raum für Grundlegung der Bildung, München 1982
11. Liebrecht, Andrea/Haarmann, D./Schwartz, E. (Hrsg.): Unser Kind kommt zur Schule, Frankfurt 1975
12. Mauthe-Schonig, Doris: Handbuch Schulanfang I, Weinheim 1979
13. Meiers, Kurt: Schulanfang – Anfangsunterricht, Bad Heilbrunn 1981
14. Moeller-Andresen, Ute: Das erste Schuljahr, Stuttgart 1973
15. Naegele, Ingrid/Portmann, R./Kalb, P. (Hrsg.): Elternratgeber Schulanfang, Weinheim, 3. Auflage 1988
16. Nickel, Horst: Schulreife und Schulversagen. In: Psychologie in Erziehung und Unterricht 1/1981, S. 19–37
17. Portmann, Rosemarie (Hrsg.): Kinder kommen zur Schule, Frankfurt 1988
18. Rabenstein, Rainer: Erstunterricht, Bad Heilbrunn 1974
19. Rother, Ilse: Schulanfang, Frankfurt 1954; 7. Auflage (Lichtenstein-Rother), Frankfurt 1969
20. Schmidt, Erhardt (Hrsg.): Standardwerk des Lehrers – Das 1. Schuljahr, Bochum 1973
21. Schwartz, Erwin: Die Aufgabe des Schulanfangs, Braunschweig 1968
22. Schwartz, Erwin (Hrsg.): Modell Erstes Schuljahr, Frankfurt 1975
23. Susteck, Herbert: Kindgerechter Schulanfang, Königstein 1982
24. Wenzel, Achill: Anfangsunterricht, München 1979

Einleitung

Die Diskussion um einen sinnvoll zu gestaltenden Schulanfang hält unvermindert an. Wenngleich neue pädagogische Intentionen prinzipiell als richtig und gut erachtet werden, bestehen unterschiedliche Auffassungen über Organisation und Gestaltung der Schulanfangsphase. Die ersten Wochen nach Schulbeginn, die Zeit, bevor mit der Lehrgangsarbeit begonnen wird, wirft für viele Erstklaßlehrer Probleme auf.

Wir möchten mit diesem Buch helfen, Probleme zu lösen und Unsicherheiten auszuräumen, damit die Aufgabe dieses ersten Unterrichtes in Verantwortung vor dem Kind wahrgenommen werden kann. Die Aufgabe sehen wir darin, die Vorerfahrungen der Kinder zu klären und zu ordnen und neue Erfahrungen zu ermöglichen, die die Schulbereitschaft der Kinder wachhalten bzw. wecken, die Kinder in das Schulleben einzuführen, Situationen zu schaffen, in denen soziales Lernen geübt wird, die Kinder an aufgabengemäßes Handeln heranzuführen und damit die Arbeit mit den Lehrgängen vorzubereiten.

Die Lernanfänger bedürfen der Orientierung im neuen oder anderen sozialen und räumlichen Feld der Schule. Die inhaltliche Gestaltung des Unterrichtes muß darauf gerichtet sein, unterschiedliche Lernfähigkeiten, mögliche Entwicklungsverzögerungen und/oder Lernbeeinträchtigungen auszugleichen, um damit die Voraussetzungen für schulisches Lernen zu schaffen.

Praktische Hinweise sind nicht als Rezepte zu verstehen, sie sollten anregen, Lösungen für die eigene Klasse in der jeweiligen Schulsituation zu finden. Aufgezeigte Begründungszusammenhänge sind als Entscheidungshilfen gedacht.

Aufnahme in die Grundschule oder Zurückstellung vom Schulbesuch

Der Deutsche Bildungsrat formulierte 1975 (S. 33): „Die Probleme des Übergangs vom Kindergarten oder Elternhaus in die Grundschule zeigen sich am augenfälligsten darin, daß Kinder wegen mangelnder Schulreife vom Schulbesuch zurückgestellt werden."

Die hier angesprochenen Faktoren
– Zurückstellung
– Schulreife
– Probleme des Überganges
sollen eingehender betrachtet werden.

Seit A. Kern in seinem Buch „Sitzenbleiberelend und Schulreife" (1951) den hohen Anteil von Schulversagern auf mangelnde Schulreife zurückführte, spielt die Frage der Zurückstellung vom Schulbesuch in der Pädagogik des Elementar- und Primarbereichs eine wichtige Rolle und hat einschlägige bildungspolitische und pädagogische Maßnahmen nach sich gezogen. Das Einschulungsalter wurde verändert, der Ausbau von Schulkindergärten vorangetrieben, die Bedeutung vorschulischer Einrichtungen wurde pädagogisch anders gewichtet, Zurückstellung am Schulanfang wurde als sinnvolle pädagogische Maßnahme hervorgehoben, es wurden Prüfverfahren (Schulreifetests) zur Untersuchung der Schulreife eingesetzt.

In der pädagogischen Diskussion Ende der 60er Jahre wurde das frühe Lernen für die menschliche Entwicklung höher bewertet als Reifungsvorgänge. Erkenntnisse der Lernpsychologie wurden gegenüber denen der Entwicklungspsychologie als bedeutsamer für die Schullaufbahn eines Kindes angesehen. Integration – die Grundschule muß eine Schule für alle Kinder sein – wurde als positiver pädagogischer Prozeß der überwiegend negativ bewerteten Selektion gegenübergestellt. Zurückstellung wurde aufgrund dieser Position als pädagogische Maßnahme kritisch infrage gestellt.

Ist Zurückstellung nicht eher eine negative Selektion, verbunden mit einer ersten Benachteiligung gerade der Kinder mit soziokulturellen Startnachteilen als eine pädagogisch sinnvolle Maßnahme?

Gibt es eindeutige Kriterien, die es ermöglichen festzustellen, ob ein Kind erfolgreich am Unterricht teilnehmen kann?

Bewirkt eine Zurückstellung, daß im Folgejahr erfolgreich in der Schule mitgearbeitet werden kann?

Sind Schulleiter und Grundschullehrer hinreichend befähigt, über Aufnahme oder Zurückstellung entscheiden zu können?

Die veränderte theoretische Position hat sich auf die Häufigkeit der Zurückstellungen im Verlauf der letzten 30 Jahre ausgewirkt. In den 50er Jahren lagen die

Zurückstellungsquoten über 10%, in manchen Bundesländern über 20%; Anfang der 70er Jahre wurden durchschnittlich 6% eines Jahrganges zurückgestellt; Anfang der 80er Jahre lag der Bundesdurchschnitt wieder bei ca. 8%; er scheint sich zur Zeit zwischen 9% und 10% einzupendeln. In Niedersachsen wurden z. B. 1984 und 1985 knapp 10% eines Jahrganges zurückgestellt, davon etwa ⅓ vor der Einschulung. Es wurden aber auch etwa 4% sogenannter *Kann-Kinder* in die Schule aufgenommen.

Die Möglichkeit, Kinder vom Schulbesuch zurückzustellen, ist in allen Bundesländern gesetzlich verankert. Der Rechtsrahmen läßt für die Praxis großen Spielraum. Vor der Einschulung werden Kinder am häufigsten aufgrund der schulärztlichen Untersuchung zurückgestellt. Eindeutige Erkenntnisse in vorschulischen Einrichtungen können zur Zurückstellung führen (meistens unzureichende soziale Schulfähigkeit). Die Zahl der Anträge von Erziehungsberechtigten auf Zurückstellung ihres Kindes scheint zuzunehmen. Solche Anträge werden entweder aus eigenem Ermessen oder aufgrund von Beratung durch Erzieherinnen, Ärzte oder Psychologen gestellt. Bei der Anmeldung gewinnen Lehrkräfte und/oder Schulleiter den Eindruck, das Kind sei noch nicht schulfähig. Es bedarf der Erweiterung der Informationsbasis durch intensive Elterngespräche, durch Beratung mit der früheren Erzieherin und gegebenenfalls durch Hinzuziehen der Schulpsychologischen Beratung.

Eine Zurückstellung nach der Einschulung wird in aller Regel durch den jeweiligen Klassenlehrer veranlaßt, der auf seine Erfahrungen mit dem Kind in den ersten Schulwochen zurückgreift und von daher die weitere Entwicklung des Kindes und seine Möglichkeiten mitzuarbeiten einschätzt. Bereitschaft und Fähigkeit mitzuarbeiten zeigen sich bei manchen Kindern erst nach Beginn der Lehrgangsarbeit und den damit verbundenen erhöhten Anforderungen. Deshalb ist die Möglichkeit gegeben, Zurückstellungen bis zum 1. 12. eines Jahres zu verfügen. Über Zurückstellung entscheidet der Schulleiter, der damit die Zurückstellung auch gesetzlich verantwortet. Diese Verantwortung kann er nur übernehmen, wenn er sich auch persönlich ein Bild von dem betreffenden Kind macht.

Die Praxis der Zurückstellung zeigt, daß für die Zurückstellung vor der Einschulung vorrangig körperliche Merkmale und unzureichende soziale Schulfähigkeit ausschlaggebend sind.

Nach der Einschulung werden als Gründe für eine Zurückstellung zuerst das Arbeitsverhalten, dann intellektuelle Fähigkeiten und erst an dritter Stelle das Sozialverhalten genannt.

Krötz hat 1977 bei einer Befragung festgestellt, daß Lehrkräfte zwar grundsätzlich körperliche, soziale, kognitive und motivationale Aspekte der Schulfähigkeit in Betracht ziehen, daß aber große Unterschiede in der Gewichtung der Kriterien bestehen und daß diese Kriterien nur schwer objektiv formuliert werden können. (*Krötz, G.:* Probleme der Zurückstellung von schulaltrigen Kindern – eine empirische Untersuchung. München: Bericht des Staatsinstituts für Frühpädagogik 1977.)

In einer von Hansel 1982 durchgeführten umfangreichen Befragung von Lehrern werden Merkmale der Schulfähigkeit in folgender Häufigkeit genannt (*Hansel, T.:* Schulstart – Fehlstart? Düsseldorf: Schwann 1982):

69% benannten die soziale Kompetenz als Kriterium für die Schulfähigkeit (z. B. Kontaktfähigkeit),
64% die Lernkompetenz (z. B. Konzentration),
38% die motorische Kompetenz (z. B. Umgang mit Material),

36% die kognitive Kompetenz (z. B. Differenzierungsfähigkeit),
33% die Auftragssensibilität (z. B. Aufgaben verstehen und ausführen),
30% die Selbständigkeit (z. B. ausgeprägte Ichstabilität),
24% die motivationale Kompetenz (z. B. Lernwilligkeit),
18% die Wahrnehmungskompetenz,
13% die mathematische Kompetenz,
 1% außerschulische Faktoren.

Auch durch das Ergebnis dieser Befragungen wird die Problematik der Zurückstellung deutlich.

Das Ziel der Zurückstellung, Schulanfänger vor Schulversagen zu bewahren, wird nicht allein durch die Zurückstellung erreicht.

„Nun entwickelt euch mal schön!"

Es muß eine entsprechende pädagogische Betreuung für die Dauer der Zurückstellung sichergestellt werden können.

Entsprechend wäre die Einweisung in einen Schulkindergarten, wenn nicht von Anbeginn eine sonderpädagogische Betreuung angezeigt erscheint. Da Schulkindergärten bislang nicht flächendeckend eingerichtet sind, muß im Einzelfall erwogen werden, das zurückgestellte Kind in einer Vorklasse, im Kindergarten oder im Spielkreis während des Zurückstellungsjahres betreuen lassen zu können. In die zuletzt genannten Einrichtungen kann nicht von Amts wegen eingewiesen werden, das Kind ist von den Erziehungsberechtigten anzumelden.

Es entstehen für eine Betreuung im Kindergarten oder Spielkreis unter Umständen Folgekosten. Mit den Eltern ist die Notwendigkeit einer Zurückstellung und der Verbleib des Kindes während des Zurückstellungsjahres ausführlich zu besprechen. Die Notwendigkeit der Zurückstellung ist anhand beobachteter bzw. festgestellter Faktoren zu begründen, damit sie für die Eltern einsichtig wird. Wenn Eltern mit der Zurückstellung nicht einverstanden sind, können sie Einspruch einlegen, deshalb muß auch der Zurückstellungsbescheid begründet und mit einer Rechtsbehelfsbelehrung versehen werden.

Kann eine Betreuung nach der Zurückstellung nicht sichergestellt werden, muß der Schulleiter erwägen, ein solches Kind trotz Bedenken in die Schule aufzunehmen. Auch diese Entscheidung ist den Eltern unter Aufzeigen möglicher Konsequenzen rechtzeitig offenzulegen.

Daß sich die Grundschulen Gedanken über den Verbleib zurückgestellter Kinder machen, mögen einige Zahlen aus dem Bereich Niedersachsen belegen. (Statistik aus Niedersachsen: Die angegebenen Werte sind einer Erhebung entnommen, die für die Schulaufsicht zur Information diente. Die erhobenen Werte wurden nicht veröffentlicht.)

Verbleib Zurückgestellter:	1984	1985
Schulkindergarten	55,8%	57,0%
Vorklasse	10,8%	11,0%
Kindergarten	24,6%	23,5%
Spielkreis	3,1%	3,0%
Familie	2,7%	2,0%

Der an 100% fehlende Anteil wurde entweder sonderpädagogischen Einrichtungen zugeführt oder konnte wegen Umzugs nach Zurückstellung nicht eindeutig zugeordnet werden.

Weil die Praxis der Zurückstellung in den Kriterien und Methoden nicht einheitlich sein kann und weitgehend einer validen Diagnostik entbehren muß, sind Fehlentscheidungen nicht auszuschließen. Um des Zieles willen, Schulanfänger vor Mißerfolgserlebnissen zu schützen, werden sie in Kauf genommen. Es muß aber mitgesehen werden, daß die Entscheidung nicht allein von Entwicklungsverzögerungen und/oder Verhaltensauffälligkeiten abhängt, sondern auch davon, ob das Kind in eine Schule, eine Klasse, zu einer Lehrkraft kommt, wo Abweichungen getragen und pädagogisch aufgefangen werden können. Wie anders ließen sich sonst die beträchtlichen Unterschiede der Zurückstellungsquoten zwischen einzelnen Schulen erklären (ca. 0–20%). Das jeweilige konkrete soziale Umfeld eines Kindes – Familie, vorschulische Einrichtung, künftige Schule – ist folglich mitbestimmend für eine mögliche Zurückstellung.

Pragmatische Überlegungen, häufig als Sachzwänge dargestellt, sollten keinesfalls als Kriterium für die Entscheidung herangezogen werden, ob ein Kind aufzunehmen oder zurückzustellen ist. In der Praxis zeigt sich dennoch manchmal, daß pragmatisch entschieden wird.

Das Vorhandensein eines Schulkindergartens macht die Entscheidung scheinbar leichter. Bei hoher Klassenstärke oder wenn sich die Anzahl „schwieriger" Kinder in einer Klasse anscheinend häuft, ist man eher geneigt zurückzustellen als bei organisatorisch „normalen" Verhältnissen.

Auch der umgekehrte Fall ist zu beobachten. Kinder werden nicht zurückgestellt, wenn sich dadurch die Möglichkeit bietet, an der Schule eine zusätzliche Klasse einrichten zu können. So zu verfahren, ist pädagogisch nicht verantwortbar.

Ob Schulleiter oder Lehrer eine Zurückstellung als pädagogisch sinnvoll und deshalb notwendig ansehen, wie im Einzelfall unter Einbezug möglicher Alternativen verfahren wird, hängt auch ab vom Verständnis der Schulfähigkeit und der Schulanfangsphase.

Schulfähigkeit, Schulreife, Schulbereitschaft

In Gesprächen über den Schulanfang werden unter Lehrern, zwischen Lehrern und Eltern, aber auch in der an Schule interessierten Öffentlichkeit unterschiedliche Auffassungen von „Schulreife", „Schulfähigkeit", „Schultauglichkeit" oder „Schulbereitschaft" geäußert. Manchmal verbunden mit der Absicht zu überzeugen, aber auch fragend oder mit der gleichmütigen Anmerkung: „Ob das nun so oder anders genannt wird, es war doch schon immer so: Der eine kann in die Schule, der andere noch nicht." Vielfach läßt sich solchen Gesprächen auch die Unsicherheit entnehmen, für sich selbst noch keine eindeutige Klärung gefunden zu haben, die Voraussetzung für eine praktikable Lösung des in Frage stehenden Problems wäre. Wir sollten es sehr ernst nehmen, wenn Kollegin A sagt: Im Zweifelsfall stelle ich zurück, um dem Kind Mißerfolgserlebnisse zu ersparen. Die dadurch auftretenden Beeinträchtigungen sind aufgrund meiner langjährigen Erfahrungen kaum wieder auszugleichen. Es entwickelt sich schnell eine negative Einstellung zur Schule, die sich ebenso schnell verfestigt und damit zur Hauptursache für Schulversagen wird.

Kollegin B vertritt hingegen die Auffassung: Ich nehme das Kind im Zweifelsfall auf, um ihm eine Chance zu geben. Überhaupt bin ich der Ansicht, möglichst wenig Schüler zurückzustellen; eigentlich nur, wenn eine entsprechend eindeutige Feststellung des Schularztes vorliegt. Nach der Einschulung noch eine Zurückstellung auszusprechen, ist in meinen Augen schlimmer als eine Nichtversetzung, das ist psychologisch und auch organisatorisch geradezu eine Katastrophe.

Kollegin C fragt sich immer wieder, ob die Betreuung zurückgestellter Kinder in der Weise gewährleistet werden kann, daß im Folgejahr eine erfolgreiche Mitarbeit in der Schule erwartet werden kann. Die Zusammenarbeit mit den Eltern stimmt die Kollegin nachdenklich. Für sie ist zweifelsfrei richtig, daß die Eltern rechtzeitig und so umfassend wie möglich über den Schulanfang zu informieren sind. Nachdenklich, teilweise bedenklich, ist sie deshalb, weil ihr umgekehrt die Informationen, die Eltern über ihr Kind bereit sind zu geben, manchmal unzureichend erscheinen. Eltern der Lernanfänger sind im Umgang oftmals schwieriger als in den nachfolgenden Schuljahren.

Sicherlich wird die Einstellung der Eltern zur Schule weitgehend von deren Erwartenshaltung bestimmt, die oftmals durch Meinungen Außenstehender beeinflußt ist. In den weitaus meisten Fällen verlaufen die Gespräche erfreulich, einsichtig, verständnisvoll und sachbezogen. Problematisch sind nur jene Fälle, in denen Eltern die Schule von vornherein mit einem Negativbild belegt haben und deshalb Forderungen stellen, die pädagogisch unverständlich erscheinen. Bevor die Schule eine Zurückstellung erwägt, wird diese bereits bei der Anmeldung gefordert, weil das Kind doch besser noch ein Jahr spielen sollte oder umgekehrt, es werden Gutachten vorgelegt, in denen gegen eine Zurückstellung votiert wird. Verbreiteter ist die Erwartung von meßbarer Leistung vom ersten Schultag an, weil das Kind beim Übergang in die Orientierungsstufe unbedingt A-Kurs-fähig sein muß, um das Ziel – Abitur – erreichen zu können. Daß z. B. Sozialverhalten und Gruppenfähigkeit eine Voraussetzung für Leistung ist, läßt sich schwer einsichtig machen, weil die subjektive Bewertung durch diese Eltern unumstößlich zu sein scheint. Schwierig ist auch das Gespräch mit jenen Eltern, die kollektives Elternrecht individuell beanspruchen möchten. Auch jene Gruppe sollte nicht übersehen werden, die der Schule gleichgültig gegenübersteht.

Die Kollegin D sucht nach griffigen Kriterien, um Schulfähigkeit mit größtmöglicher Sicherheit feststellen zu können. Läßt sich eine mögliche Lernbehinderung überhaupt vor der Einschulung feststellen? Ist der Schulreifetest vielleicht doch das Instrument, erforderliche Entscheidungen zu objektivieren und nachprüfbar zu machen? Von anderen Kolleginnen hört sie, daß es bezüglich des Schulreifetests unterschiedliche Verfahrensweisen gibt. Das eine Kollegium lehnt den Einsatz von Schulreifetests konsequent ab, an anderer Stelle hat man einen „hausgemachten" (informellen) Test entwickelt und läßt sich den Einsatz von den Eltern schriftlich genehmigen. Es soll Schulen geben, an denen grundsätzlich alle Kann-Kinder getestet werden oder alle ausländischen Lernanfänger oder alle, die nicht an der eigenen Schule die Vorklasse besucht haben. Solche unterschiedlichen Verfahrensweisen verunsichern eher, als daß sie hilfreich wären.

Solche Gedanken ernst nehmen bedeutet, über die Begriffe Schulreife und Schulfähigkeit nachzudenken und ihre Bedeutung für sich selbst zu klären, um besser entscheiden zu können.

Mit der Festlegung des Einschulungsalters wird zugleich vorausgesetzt, daß die überwiegende Zahl der Kinder dieser Altersgruppe den von der Schule zu stellenden Anforderungen entsprechen kann (erfahrungsgemäß etwa 90%).

Nach der Einschulung stellen sich verhältnismäßig schnell Unterschiede in den Lernerfolgen heraus, die so nicht eintreten dürften. Solange der Begriff Schulreife oder Schulfähigkeit – in diesem Zusammenhang zumeist auf den kognitiven Bereich verkürzt verstanden – überwiegend zu einem vermeintlich optimalen Lebensalter in Bezug gesetzt wird, ist er in Frage zu stellen.

In der Praxis und in der pädagogischen Literatur gibt es viele Definitionen von „schulreif" und „schulfähig", die sich inhaltlich oft auch überschneiden, so daß festgestellt werden kann, daß „Schulreife" kein eindeutiger Begriff ist.

A. Kern definiert zwar 1951: „Schulreife" entsteht in einer bestimmten Lebensphase, in der die Entwicklung eines Kindes ein bestimmtes „Leistungsgefüge" erreicht, das Voraussetzung für ein erfolgreiches Durchlaufen der Schule ist. (*Kern 1951: „Sitzenbleiberelend und Schulreife"*, Freiburg.)

Der Entwicklungsverlauf ist innengesteuert, also relativ unbeeinflußt von Lebensverhältnissen und Lernprozessen der Kinder.

Daraus folgerte Kern: „Jedes Kind, extrem schwache Begabung ausgenommen, erreicht im Laufe seiner Entwicklung einmal die Entwicklungsphase, der jenes Leistungsgefüge zugeordnet ist, das Voraussetzung für ein erfolgreiches Durchlaufen der Schule ist. Das eine Kind kommt lediglich früher, das andere später zu diesem Entwicklungspunkt ... Wenn wir mit der Einschulung eines Kindes warten, bis es den geforderten Entwicklungspunkt erreicht hätte, dann wäre jedem Kind ein relativ leichtes und erfolgreiches Beschreiten der Schullaufbahn möglich" (1951, S. 67).

Bis in die 60er Jahre herrschte daher die Auffassung vor, Verhalten und Fähigkeiten eines Lernanfängers seien das Ergebnis von Reifungsprozessen. Diese Auffassung wurde mit der Stufen- und Phasentheorie der kindlichen Entwicklung begründet.

Diese Reifungstheorie konsequent umsetzen, würde sowohl die Rückstellungspraxis als auch die Gestaltung des Schulanfanges entscheidend beeinflussen. Ein gleitender Übergang wäre kaum möglich, weil die Reifungstheorie eine unterschiedliche Arbeitsweise in vorschulischen Einrichtungen und Grundschule unterstützt. Aufgrund der qualitativen Veränderung der Bedürfnisse und Fähigkeiten des Kindes bei Erreichen des „Entwicklungspunktes" ist auch ein Wechsel in den Verhaltens- und Lernformen angemessen.

Da der persönliche Reifungsprozeß von außen weder gesteuert noch beschleunigt werden kann, ist es wichtig, den Kindern ein dem Reifestand entsprechendes Angebot zu machen. Damit wird die Möglichkeit und die Notwendigkeit, Kinder gezielt zu fördern und dadurch Schulfähigkeit zu erreichen, beträchtlich eingeschränkt.

Stützt sich die Beurteilung der Schulreife auf einen einheitlichen Reifungsprozeß im Kind, genügen wenige Kriterien als Beurteilungsmaßstab (Gestaltwandel, Zahnwechsel, Philippinermaß, Gliederungsfähigkeit, Sprechvermögen). Kern entwickelte dafür den sogenannten Grundleistungstest, der Ausgangspunkt für Schulreifetestuntersuchungen wurde. Für Kinder, die die Schulreifekriterien nicht erfüllen, ist Zurückstellen und Abwarten der Schulreife die adäquate pädagogische Maßnahme.

In dieser eindeutigen Form wird das heute kaum noch von Pädagogen vertreten. Wacker schreibt bereits 1964 „Schulreife ist keine psychische Disposition, sondern muß herbeigeführt werden".

Vor allem durch Erkenntnisse der psychologischen Forschung wurde in den 60er Jahren das reifungsorientierte Entfaltungskonzept Kerns durch ein „lernorientiertes Entwicklungs- und Begabungskonzept abgelöst" (Blume, Dorow 1982). Reifungsvorgänge sind eine Voraussetzung für die Entwicklung, bedeutsamer sind jedoch die Lernbedingungen und Erfahrungsmöglichkeiten des einzelnen Kindes in seiner sozialen Umwelt (Erziehung als „Schrittmacher der Entwicklung" – Wittmann 1977). (*Wittmann, H.:* Elternhaus, Kindergarten und Grundschule: Gemeinsame Erziehungsansätze. München: Oldenbourg 1977.)

Folgerichtig wurde in der erziehungswissenschaftlichen Diskussion der Begriff „Schulreife" zunehmend durch den der „Schulfähigkeit" ersetzt. Wenngleich sich auch dieser Begriff nicht widerspruchsfrei definieren läßt, ist festzustellen, daß die Fähigkeiten, die einem Kind zum Zeitpunkt des Schuleintritts zur Verfügung stehen sollten, umfassender beschrieben werden unter Einbezug der Lernerfahrungen. Die Unterschiede zwischen Lernanfängern in ihren sozialemotionalen, kognitiven und motorischen Bedürfnissen und Fähigkeiten sowie in ihrer körperlichen Entwicklung ließen Hielscher 1978 folgende Bestimmungsgrößen für Schulfähigkeit bedeutsam erscheinen:

1. Sozialemotionale Schulfähigkeit
2. Kognitive Schulfähigkeit
3. Körperliche Schulfähigkeit.

Er berücksichtigte dabei die gegenwärtig in der Bundesrepublik geltenden Festlegungen und Verhältnisse (Grundschulmagazin 9/1978).

Unter Schulfähigkeit wird demzufolge nicht ein genau definierbarer Entwicklungsstand („Entwicklungspunkt") des einzelnen Kindes verstanden, sondern das Zusammenwirken von persönlichen Voraussetzungen und Vorerfahrungen mit den jeweiligen schulischen Bedingungen und Anforderungen.

Persönliche Voraussetzungen und Vorerfahrungen rücken das Kind in den Mittelpunkt der Überlegungen. Bei der Frage, ob Bedenken an der Schulfähigkeit bestehen, ist der Gesamteindruck des Lernanfängers entscheidender als das unzureichende Ausgeprägtsein bzw. Vorhandensein einzelner Fähigkeiten oder/und Fertigkeiten. Der Gesamteindruck wird von einzelnen Faktoren bestimmt. Als Lehrer steht man in der Gefahr, wenige positive oder negative Auffälligkeiten als wesentliche Entscheidungskriterien zu werten. Deshalb soll die nachfolgende Übersicht die o.g. Bestimmungsgrößen erläutern und zugleich Anregung geben, was für den Lehrer bei der Beurteilung der Schulfähigkeit eines Kindes wichtig ist. Diese Übersicht ist als Anregung zu verstehen, sie erhebt weder Anspruch auf Vollständigkeit noch sollte sie als Abhakkatalog verwendet werden. Sie soll vielmehr auffordern, während der Schulanfangsphase Situationen zu schaffen und Materialien bereitzustellen, die eine gezielte Beobachtung zu bestimmten oder zu bestimmenden Kriterien ermöglicht.

Kriterien zur Feststellung der Schulfähigkeit

I. Körperliche Schulfähigkeit

1. Grobmotorischer Bereich:

1.1 Ist der Bewegungsablauf bei Sport und Spiel gestört? Es lassen sich Kinder beobachten, die
- sich unsicher oder tapsig bewegen
- beim Balancieren aus dem Gleichgewicht kommen
- Unbeholfenheit beim Hüpfen und Springen zeigen
- nicht schnell laufen können
- beim Begehen einer Treppe immer dasselbe Bein zuerst benutzen und sich gern festhalten
- nicht gut rückwärts gehen können
- einen Ball nicht fangen können
- nicht gezielt werfen können
- Bewegungen nur unangemessen nachahmen können
- Bewegungsabläufe nicht koordinieren können (Hampelmann, Gehen und Klatschen in unterschiedlichem Tempo, gymnastisches Schwingen, Ballprellen).

2. Feinmotorischer Bereich:

2.1 Es lassen sich Kinder beobachten, die
- sich nicht allein an- und ausziehen können
- Schleifen noch nicht binden können
- noch nicht imstande sind, verschiedene Verschlüsse zu handhaben
- ihre Schulsachen noch nicht in angemessenem Tempo ein- und auspacken können
- beim Zusammenfügen, Schichten oder Türmen mit vorgefertigtem Material Schwierigkeiten haben
- in praktischen feinmotorischen Tätigkeiten wenig geübt sind (Handhabung verschiedener Stifte oder Wachsmaler; Umgang mit Schere, Klebstoff, Knetmasse; Fähigkeit, Papier zu reißen oder zu falten)
- beim Ausmalen von Bildern die Begrenzungen nicht einhalten können
- beim Nachmalen vorgegebener Formen oder Symbole deren Merkmale nicht richtig reproduzieren können
- Schwierigkeiten beim Beachten der Rechtsläufigkeit haben.

3. Auffälligkeiten

3.1 Es lassen sich Kinder beobachten,
  – deren Körpergröße und -gewicht auffallend von der Norm abweichen
  – bei denen Farbschwäche vorliegen kann
  – bei denen Sprachschwierigkeiten erst jetzt auffallen
  – bei denen eine Beeinträchtigung der Seh- oder Hörfähigkeit vorliegt
  – deren Belastbarkeit sehr gering ist
  – die schnell ermüdbar sind.

II. Sozialemotionale Schulfähigkeit

1. Gruppenfähigkeit:

  – *Kontaktfähigkeit* (Auf welche Weise nimmt das Kind Kontakte auf? Es geht freundlich und ungezwungen auf andere Kinder zu, redet und spielt mit ihnen; es interessiert sich für Besucher in der Klasse und spricht sie an; es holt sich Material von anderen; es fragt andere um Rat; es gibt anderen etwas ab; es hält nur zu wenigen Kindern Kontakt; es möchte nur immer mit der Lehrerin zusammensein.
  Wie reagiert es auf Kontakte anderer?
  Es schaut weg, wenn es angesprochen wird; es reagiert nicht, wenn es angesprochen wird; es läßt sich gern einbeziehen.)
  – *Kooperationsfähigkeit* (Es kann andere Kinder in gemeinsames Handeln einbeziehen; es kann sich in eine Gruppe einordnen; es einigt sich über die Aufgabenverteilung in der Gruppe; es kann Kompromisse akzeptieren; es hilft anderen Kindern; es kann nur mit bestimmten Kindern kooperieren; es will alles bestimmen und zieht sich zurück, wenn es damit nicht durchkommt; es ist passiv, wartet ständig ab, was die anderen wollen.)
  – *Konfliktverhalten* (Es kann Konflikte mit anderen im Gespräch lösen; es bemüht sich um Wiedergutmachung; es überläßt die Lösung von Konflikten anderen; es hat „Feinde", mit denen es ständig im Streit liegt; es schlägt rasch zu; es provoziert andere durch unangemessenes Verhalten.)
  – *Regelbewußtsein* (Es hält Vereinbarungen ein; es läßt andere ausreden; es kann warten, bis es an der Reihe ist; es kann auch verlieren; es versucht, sich vorzudrängeln; es ist nach Ermahnungen eingeschnappt.)

2. Emotionale Stabilität

  – *emotionale Gestimmtheit* (Es kann Empfindungen zeigen wie Staunen, Überraschung, Bewunderung, Betroffenheit, Zweifel, Mitfreude, Mitleid, Empörung, Schadenfreude, Genugtuung, Ärger, Freude, Enttäuschung.)
  – *Umgang mit der eigenen Angst* (Auffällige Verhaltensweisen wie Aggressivität, trotzige Verweigerung, passive Abwesenheit, Unterschätzung des eigenen Könnens haben häufig ihre Ursache in Angst; das Kind kann Gründe für seine Angst nennen; es ist auch in angstmachenden Situationen handlungsfähig; es

wagt sich auch an unbekannte Aufgaben heran; es ist bereit, sich bei der Bewältigung von Angst helfen zu lassen.)
- *Bedürfnisaufschub* (Das Kind kann in der Gruppe eigene Bedürfnisse vorläufig zurückstellen; es bleibt handlungsfähig, auch wenn seine augenblicklichen Bedürfnisse nicht befriedigt werden können; seine Stimmung wird negativ beeinflußt, wenn seine Erwartenshaltung enttäuscht wird; es läßt keinerlei Bedürfnisse erkennen; es resigniert bei mehrfachem vergeblichen Melden; es versucht häufig, sich vorzudrängeln.)
- *aktueller Triebverzicht* (Es ist bereit, eine Aufgabe zu Ende zu führen; es ist bereit, eine selbst gewählte Beschäftigung zu unterbrechen, wenn es die Unterrichtssituation erfordert.)

3. Arbeitsverhalten

- *Selbständigkeit* (Das Kind kann alltägliche Verrichtungen und Aufgaben allein erledigen; es weiß, sich bei Schwierigkeiten zu helfen; es weiß, welche Aufgaben es bewältigen kann; es arbeitet nur, wenn es persönlich einen Auftrag erhält; es wartet auf die Hilfe der Lehrerin; es traut sich zu wenig zu und benötigt deshalb ständige Bestätigung; es arbeitet zu schematisch und kann sich nicht umstellen; es hält alles für leicht, erkennt aber seine Grenzen nicht.)
- *Ausdauer* (Es beginnt eine Arbeit sofort und führt sie zügig bis zum Ende durch; es verzögert den Anfang, arbeitet dann normal weiter; es beginnt unverzüglich, hält aber nicht bis zum Ende durch; es unterbricht zwischendurch die Arbeit.)
- *Arbeitsgenauigkeit* (Es erledigt Aufgaben sorgfältig, sauber und ordentlich; Arbeitsmaterialien werden überlegt bereitgelegt und nach Gebrauch korrekt weggeräumt; es geht mit Arbeitsmaterial sachgerecht um; es ist imstande, nach Anweisungen zu handeln.)
- *Konzentrationsfähigkeit* (Es beschäftigt sich längere Zeit mit einer Sache; es kann nach einer Unterbrechung Spiel oder Arbeit sinnvoll fortsetzen; es verfolgt eine Absicht bis zum Erreichen des Ziels; es ist aufmerksam beim Vorlesen; es hört anderen beim Erzählen zu; es kann einem Gespräch folgen; es beginnt bei der Arbeit zu spielen, z. B. mit dem Arbeitsmaterial.)
- *Lernbereitschaft* (Es zeigt, daß es Lesen, Schreiben und Rechnen lernen möchte; es läßt sich leicht motivieren; es will seine Arbeitsergebnisse beurteilt haben; es meldet sich häufig; es verfolgt Gespräche und spricht selbst zur Sache; es stellt Wissensfragen; es hat besondere Interessen, von denen es berichtet; es bringt Kenntnisse ein, die es außerhalb der Schule gewonnen hat.)
- *Kreativität* (Es kann Spielregeln erweitern oder neue finden; es hat Einfälle; es findet Sachzusammenhänge; es kann unterschiedliche Materialien ideenreich verwenden.)
- *Zeitperspektive* (Es verfügt ansatzweise über einen realistischen Zeitbegriff; es beginnt, seine Arbeiten zeitlich einzuteilen; es fragt, ob es sich noch lohnt, etwas anderes anzufangen.)

III. Kognitive Schulfähigkeit

- *Aufgabenverständnis* (Es vermag, einfachen Gedankengängen zu folgen; es versteht mindestens zweigliedrige Aufgabenstellungen; es bemerkt Veränderungen in der Aufgabenstellung; es erkennt Wesentliches; es beachtet Einzelheiten; es faßt rasch auf; es kann nach Vorschrift oder Plan vorgehen.)
- *Merkfähigkeit* (Es behält die Namen von Kindern und Lehrern; es merkt sich kleine Aufträge; es merkt sich Spielregeln; es erinnert sich an Vereinbarungen; es kann längere Wörterreihen oder Sätze behalten; es kann Liedertexte und kleine Verse auswendig aufsagen; es behält den Inhalt von Geschichten; es behält die Bedeutung von Symbolen; es kann viel/wenig, lange/kurz behalten.)
- *Verknüpfungsfähigkeit/Denkfähigkeit* (Es wählt seinen Beitrag passend zum Thema; es kann einfache Handlungsabläufe ordnen; es kann die Auswirkungen von Tätigkeiten erkennen; es kann Ursachen und Wirkungen unterscheiden; es kann Neues ihm bereits Bekanntem zuordnen; es kann inhaltlich zusammengehörende Bilder zuordnen.)
- *Spiel- und Lernverhalten* (Es kann ausdauernd und einfallsreich spielen; es wird von sich aus aktiv; es kann sein Spiel mit neuen Einfällen weiterentwickeln; es kann sich ausdauernd und konzentriert mit einer Aufgabe beschäftigen; es findet verschiedene Lösungswege, um seine Arbeit zu verwirklichen; es arbeitet zielstrebig, zügig und gründlich; es faßt rasch auf.)
- *Interessen* (Es zeigt fachbezogene Interessen; sein Interesse ist stark umweltbestimmt; es interessiert sich vornehmlich für Spielen; sein Interesse ist einseitig auf eine bestimmte Person fixiert.)
- *Umwelt- und Erfahrungswissen* (Es bringt ein reichhaltiges Umweltwissen mit; das Umweltwissen ist relativ geordnet und kann neuen Sachverhalten zugeordnet werden; es kennt Gebrauchs- und Einrichtungsgegenstände; es kennt gebräuchliche Berufsbezeichnungen, Verkehrszeichen, Verhaltensregeln.)
- *Artikulationsfähigkeit* (Es spricht klar und gut artikuliert; es kann ähnlich klingende Wörter oder Laute unterscheiden; es artikuliert Sätze so, daß einzelne Wörter deutlich herauszuhören sind.)
- *Sprechfähigkeit* (Das Kind kann in ganzen Sätzen sprechen; es spricht in normalem Tempo; es gebraucht Wortschatz und Syntax beim Erzählen richtig; es verfügt über einen altersangemessenen Wortschatz; es kann Sachverhalte verständlich darstellen; es ist mitteilungsfreudig; es verfügt über eine flüssige Ausdrucksfähigkeit.)
- *Lesevoraussetzungen und Lesevorkenntnisse* (Es äußert den Wunsch nach Lesenlernen; es interessiert sich für Symbole und Piktogramme; es freut sich, wenn vorgelesen wird; es hat Interesse an Buchstaben; es versucht, die Namen der Mitschüler zu lesen; es versucht, Schrift zu entziffern.)
- *Symbolverständnis* (Es kann aus Verkehrszeichen Handlungen ableiten; es kennt gebräuchliche Symbole und Piktogramme; es kann in der Klasse vereinbarte Symbole lesen und sich entsprechend verhalten; es erfindet selbst Symbole; es versteht akustische Symbole; es vermag Schriftzeichen stellvertretend für konkrete Gegenstände zu sehen.)
- *Formwahrnehmung* (Es erkennt vorgegebene Formen wieder; es kann Gegenstände bestimmten Formen zuordnen; es kann Formmerkmale erkennen und benennen; es kann Formen kennzeichnen; es kann Formen zeichnen und beachtet

dabei die wichtigen Formenelemente; es kennt genügend viele Ausdrücke zur Differenzierung von Gestaltmerkmalen.)

- *Zahlenverständnis* (Es zählt gerne; es kann Ziffern lesen und schreiben; es kann Abzähl- und Aufteilungsaufgaben innerhalb 10 lösen; es kann sagen, welche von 2 genannten Zahlen im Zahlenraum bis 10 größer/kleiner ist.)
- *Mengenauffassung* (Es kann Mengen hinsichtlich ihrer Mächtigkeit vergleichen; es kann vorgegebenen Mengen Zahlen zuordnen; es kann zu einer Kardinalzahl die angegebene Menge legen; es kann zu einer Ziffer die Menge legen; es kann eine Menge in zwei oder drei Teilmengen aufteilen; es erkennt, daß Mengen nach einer Umordnung der Elemente gleich bleiben; es kennt die Punktmengen des Würfels; es kann Mengen bis 5 ohne nachzuzählen zahlenmäßig benennen.)

Schulfähigkeit und Umweltsituation

Schulfähigkeit und Schulbereitschaft stehen in einem Zusammenhang mit der Lebensgeschichte und der Umweltsituation eines Kindes. Vor der Schulzeit macht ein Kind Erfahrungen, die nicht nur für den Schuleintritt, sondern auch für das spätere Leben bedeutsam sind. Diese Erfahrungen sind auch Lernerfahrungen, über die wir uns so umfassend wie möglich informieren sollten. Damit ist die subjektive Seite des Problemfeldes angesprochen, die in der Praxis oftmals vernachlässigt wird.

Wird die Schulfähigkeit eines Kindes beurteilt, so ist seine Lebensgeschichte einzubeziehen. Die Bedingungen in Familie und vorschulischen Einrichtungen haben die Entwicklung von Fähigkeiten, Fertigkeiten und Interessen bereits maßgeblich beeinflußt. Deshalb ist es wichtig zu wissen, ob das Kind eine vorschulische Einrichtung besucht hat und wie lange es dort betreut wurde. Mußte es in besonderer Weise berücksichtigt werden, bedurfte es gezielter Fördermaßnahmen, gab es Eingewöhnungs- oder Anpassungsschwierigkeiten, war die emotionale Gestimmtheit eher stabil, ist die Belastbarkeit im Vergleich zu Gleichaltrigen als normal anzusehen, wie weit ist das Kind selbständig, ist es im sozialen Feld eher aktiv oder passiv . . .?

Das familiäre Milieu, in dem ein Kind aufwächst, spielt eine wichtige Rolle. Von der sozialen und ökonomischen Situation, in der eine Familie lebt, lassen sich nur mit großer Vorsicht Schlüsse ziehen, die für die Beurteilung der Schulfähigkeit relevant wären. Die eigentlich wirksamen Milieueinflüsse liegen in anderen Bereichen.

Gibt es besondere Belastungen in der Familie, handelt es sich um ein Einzelkind, hat das Kind Spielgefährten, ein eigenes Zimmer, eigenes Spielzeug, wie ist es mit dem Anregungsniveau in der Familie bestellt, welche Wertvorstellungen herrschen vor, welcher Erziehungsstil wird praktiziert, sind beide Eltern berufstätig, wie wird das Kind bei Abwesenheit der Eltern betreut, sind die Ernährungsgewohnheiten richtig, inwieweit finden emotionale Bedürfnisse des Kindes Berücksichtigung, welche Erwartenshaltung hat die Familie bezogen auf das Kind und auf die Schule . . .?

Solche Hintergrundinformationen ermöglichen der Lehrkraft, den sich ihr darstellenden individuellen Entwicklungsstand eines Kindes im Zusammenhang mit seiner Lebenssituation zu verstehen. Daraus lassen sich auf das einzelne Kind bezogen pädagogische Maßnahmen und Hilfen entwickeln, die gerade während der Schulanfangsphase unverzichtbar sind. Aber auch die individuelle Entscheidung einer erforderlichen Zurückstellung kann unter Zuhilfenahme eines solchen Hintergrundwissens fundierter getroffen werden.

Es soll nicht verkannt werden, daß hier ein äußerst sensibler Bereich angesprochen ist, weil das individuelle Elternrecht tangiert ist. Zusammenarbeit kann deshalb nicht verordnet werden, Eltern und Lehrer müssen zusammenarbeiten wollen. Deshalb ist entscheidend wichtig, daß es *gelingt,* Eltern das gemeinsame Interesse an der Aufgabe, für das Kind das Recht auf Bildung zu verwirklichen, einsichtig zu machen.

Im Interesse des Kindes sollte die Schule auf die Eltern zugehen, um in dem für die Schule erforderlichen Umfang informiert zu werden.

Einige Beispiele mögen die Notwendigkeit verdeutlichen.

Hermann Wacker beschreibt das Erlebnis eines Schulanfängers: „Eines Tages kam seine Mutter früher als gewöhnlich von der Arbeit zurück. Er lief ihr freudig entgegen, aber dann wollte er nicht mit ihr hinaufgehen. Einmal wollte auch er erleben, daß die Mutter aus dem Fenster nach ihm rief, so wie die anderen Kinder von ihren Müttern heraufgerufen wurden." (H. Wacker, 1964, S. 10). Am Tag der Einschulung fällt ein Kind dadurch auf, daß es während der Darbietungen eines zweiten Schuljahres interessiert zuhört und sogar mitzumachen versucht. Es wirkt fröhlich und aufgeschlossen. Als die Lernanfänger aufgerufen werden, um ihren Klassen zugeordnet zu werden, geht es zunächst zielstrebig nach vorn, beginnt dann aber fürchterlich zu weinen und ist nur mit großer Mühe zu beruhigen. Unter Schluchzen erklärt das Kind schließlich stockend: „Und ich kann doch nicht meinen Namen schreiben . . ., und ich weiß nicht, was bei 3 · 4 herauskommt . . ., und ich will gar nicht in die Schule . . .".

Im Gespräch mit den Eltern erhellt sich der Hintergrund. Zum Geburtstag im April hatten die Großeltern den Schulranzen geschenkt, mit Inhalt natürlich. Es wurde auch Schule gespielt. Das war zunächst lustig, bis die Erwartungen der Großeltern durch das Kind nicht mehr erfüllt werden konnten. Die dann folgenden Reaktionen ließen in dem Kind ein wirklichkeitsfremdes Bild von der Schule entstehen, das Angst auslöste.

Kindern, die keine vorschulische Einrichtung besucht haben, fehlen in vielen Fällen soziale und instrumentale Erfahrungen, die am Schulanfang im Vergleich mit anderen Kindern als Defizite auffallen. Solche Kinder können schüchterner sein, weniger sprechen, langsamer und ungeschickter im Umgang mit Material sein, ein größeres Maß persönlicher Zuwendung verbunden mit direkter Ansprache erfordern usw. Das sind Kennzeichen des augenblicklichen Entwicklungsstandes, zurückzuführen auf das Fehlen entsprechender Anregungen, die aber noch nichts über die Lernfähigkeit und Lernbereitschaft aussagen. Diese Situation verstehen und berücksichtigen heißt, die in der Vorschulzeit mangelnden Erfahrungen in der Schule ermöglichen, um die Schulfähigkeit zu entwickeln. Heißt aber auch, mit den Eltern zu sprechen und gezielt zu raten, wie das Kind zu Hause angeregt werden kann, diese Defizite auszugleichen.

Eine Lernanfängerin fällt während der Schulanfangsphase in besonderer Weise positiv auf, indem sie sich für ihr Alter außergewöhnlich verständig zeigt. Sie sieht, wo etwas getan werden könnte, übernimmt die Aufgabe freiwillig und führt sie zu Ende durch, sie hat ein ausgeprägtes Empfinden für Ordnung und hält andere zur Ordnung an, ohne dabei „altklug" zu wirken. Ihr Umweltbezug ist ausgesprochen praxisbezogen, das zeigen ihre Unterrichtsbeiträge bei sachunterrichtlichen Themen. Verhalten, Mitarbeit und Aktivitäten im sozialen Feld lassen den Eindruck entstehen, daß Fähigkeiten, Fertigkeiten und Lernbereitschaft überdurchschnittliche Leistungen auch im kognitiven Bereich erwarten lassen. Erst nach Beginn der Lehrgangsarbeit zeigt sich, daß das Kind nur mit Mühe und steter Anstrengung, die allerdings erbracht wird, den Anforderungen genügen kann. Die erbrachten Leistungen entsprechen wider Erwarten knapp dem Durchschnitt. Ein Gespräch mit der allein erziehenden Mutter schafft Klarheit und ist Anlaß für gemeinsame pädagogische Maßnahmen. Dieses Kind war von der Mutter bislang wie ein zweiter Erwachsener gesehen und behandelt worden. Es wurde in fast alle Entscheidungsprozesse einbezogen und mit Sachverhalten und Situationen bekannt, die im allgemeinen Kindern dieser Altersstufe nicht zugemutet werden.

Geradezu als Gegenbeispiel kann folgender Fall eines Lernanfängers angesehen werden: Ein ausgesprochen „braver" Lernanfänger, der über einen ungewöhnlich großen aktiven Wortschatz verfügt und einen Sprachcode anwendet, der erheblich über der Altersnorm liegt, fällt während der Schulanfangsphase durch übergroße Ängstlichkeit verbunden mit partiellem Versagen auf. Im Umgang mit Material ist er erheblich langsamer und ungeschickter als seine Mitschüler, insbesondere versagt er im Umgang mit Werkzeugen. Spielen mag er nicht. Entweder ziert er sich oder es zeigen sich vermeintliche rhythmische Störungen bis hin zu mangelhafter Koordination beim Bewegungsablauf. Stünde nicht das Ausdrucksvermögen dagegen und sporadische Äußerungen, die nicht nur Kenntnis von Sachverhalten, sondern auch die Fähigkeit, Kausalzusammenhänge erkennen zu können, vermuten lassen, könnte die Schulfähigkeit in Zweifel gezogen werden. Dieser disharmonische Entwicklungsstand ändert sich mit Beginn der Lehrgangsarbeit. Äußerungen wie „Ich kann nicht weiter", „Das kann ich aber nicht", „Hilfst du mir bitte weiter", oder Fragen „Wie soll ich das Blatt bitte falten?", „Darf ich das einfach durchschneiden?", „Soll ich den Klebstoff auf das ganze Blatt auftragen?" wurden sehr schnell weniger. Der Junge wurde zunehmend sicherer, sein Verhalten zu den Mitschülern besserte sich, seine Bereitschaft mitzumachen, auch mit anderen etwas zu tun, nahm zu, die vermeintlichen rhythmischen Störungen klangen ab.

Bei diesem Jungen hatte sich die Erwartenshaltung der Eltern voll auf das Kind übertragen. In der Schule lernt man etwas, zunächst lesen, schreiben und rechnen, das für das spätere Leben unverzichtbar ist. Nur wer etwas lernt, kann etwas leisten und etwas werden. Folglich wollte er lesen und schreiben und rechnen; alles andere ist nicht Schule. Ein klärendes Gespräch wurde erst jetzt mit den Eltern geführt. Ein rechtzeitig geführtes Gespräch hätte helfen können, Ängste zu Beginn der Schulzeit abzubauen.

Ein letztes Beispiel soll zeigen, daß die aktuelle Familiensituation auch durch das Umfeld beeinflußt wird. Zwei Nachbarskinder sind zusammen aufgewachsen, verstehen sich ausgezeichnet und sind schier unzertrennlich. Eines der Kinder wird schulpflichtig, das andere gehört in die Gruppe der Kann-Kinder. Beide wohnen in einem Dorf und sind für den Schulweg auf den Bus angewiesen. Obwohl die Mutter des Kann-Kindes weiß, daß die körperliche Entwicklung nach einer Geburt, die nicht komplikationsfrei verlief, die vorzeitige Einschulung problematisch erscheinen läßt, wird das Zusammenbleiben mit dem Nachbarskind schwerer gewichtet. Ärztliche Gutachten ohne gravierende Bedenken und eine zweifelsfrei gegebene geistige Schulfähigkeit führen zur Schulaufnahme.

Das Kind zeigt sich eifrig, aktiv und willensstark. Es ist pausenlos engagiert, so daß man den Eindruck gewinnt, es wolle sich selbst und anderen beweisen, zur Schule gehen zu können.

Beim Rodeln z. B. wird der Schlitten nach der Abfahrt unverzüglich wieder auf den Rodelberg getragen (nicht gezogen), um zu zeigen, das kann ich leisten. Dennoch war dieses Kind offensichtlich körperlich überfordert. Das wurde der

Schule aber erst nach dem 1.12. bekannt. Erst zu diesem Zeitpunkt sprach die Mutter darüber, daß das Kind nach der Rückkehr von der Schule völlig erschöpft sei, zu nichts mehr Lust habe, mittags kaum essen möchte, sich am liebsten gleich in eine Ecke lege und allenfalls noch eine Kassette hören könne. Verbunden war diese Mitteilung mit dem Vorwurf an die Schule, die Anforderungen seien zu hoch, hier müsse eine Änderung erfolgen. Das Kind müsse aber auf jeden Fall in der Schule verbleiben.

Keine gute Ausgangsbasis für ein Gespräch, das viel früher hätte geführt werden müssen. Es war schwierig, die falschen Vorstellungen, die die Mutter von den Anforderungen in der Schule hatte, richtig zu stellen. Erst nachdem war es möglich, ratend zu helfen. Dem Kind konnte einsichtig gemacht werden, daß es sich nicht ständig unter Beweis stellen muß. Die Eltern erkannten, daß ihre Erwartungen und Vorstellungen stärker vom Eigeninteresse bestimmt waren als vom Interesse des Kindes.

Die Frage nach der Schulfähigkeit steht in engstem Zusammenhang mit dem Verständnis des Schulanfanges und mit den jeweils gegebenen Schulverhältnissen.

Ob ein schulpflichtiges Kind mit seinem individuellen Entwicklungsstand unter Einbezug der Faktoren Lebens- und Lernwelt schulfähig ist, darf nicht nur daran gemessen werden, ob es den Anforderungen eines überkommenen, scheinbar festgefügten Anspruchsniveaus wird entsprechen können. Es ist immer auch zu fragen und zu prüfen, inwieweit die Schule imstande ist, mögliche unzureichende Schulfähigkeit abzubauen. Die Schule ist herausgefordert, sich organisatorisch und pädagogisch auf den Lernanfänger einzustellen.

Sie muß fragen:
Was lernen die Kinder in ihren unterschiedlichen Umwelten?
Worin bestehen die Unterschiede zwischen den Schulanfängern und ihren sozial-emotionalen, kognitiven und motorischen Bedürfnissen und Fähigkeiten?
Welche Unterschiede und Defizite lassen sich durch entsprechende Angebote ausgleichen?

Sie muß sich fragen lassen:
Haben Lernanfänger gleiche Chancen, wenn sie sich auf einheitliche Bedingungen in der Schule einstellen müssen?
Ist es nicht Aufgabe der Schule, den Schulanfang so zu organisieren, daß die unterschiedlichen Voraussetzungen der Kinder aufgegriffen und weiterentwickelt werden?
Erfolgt eine hinreichende individuelle Förderung durch differenzierende und integrative Maßnahmen?
Werden die Prinzipien des spielerischen, lebensnahen und sozialen Lernens berücksichtigt?
Erfolgt eine Abstimmung der pädagogischen Arbeit für den Schulanfang?
Werden Ich-, Sozial- und Sachkompetenz ausgewogen gefördert?
Bemühungen, den Eintritt bzw. den Übergang in die Schule zu erleichtern, haben eine lange Geschichte.

Pestalozzi schrieb 1801 im 1. Brief „Wie Gertrud ihre Kinder lehrt" u. a.
„... unsere unpsychologischen Schulen sind im wesentlichen nichts anderes als künstliche Erstickungsmaschinen von allen Folgen der Kraft und der Erfahrung, die die Natur selber bei ihnen zum Leben bringt ...".

1852 forderte Fröbel die „Vermittlungsschule", gedacht als Vorbereitung auf die Schule im Jahr vor der Einschulung.

Dieser Vorschlag wurde genausowenig verwirklicht, wie jener der Reichsschulkonferenz 1920, den Kindergarten in das Bildungswesen einzugliedern. (*Wittmann, H.:* Kindergarten und Grundschule. Abstimmung durch Zusammenarbeit. In: Lehrerjournal. 1983, 51., S. 194–196.)

„Die Grundschule wird dem Lehrer die Möglichkeit geben, nicht mehr in erster Linie eine gleiche Stoffmenge als Leitfaden seiner Arbeit zu benutzen, sondern an den durchaus ungleichen Entwicklungs- und Erziehungszustand bei Eintritt in die Schule anzuknüpfen und die erzieherisch-pflegerische Förderung des individuellen Kindes der ‚stofflichen Bildung überordnen'" (Aloys Fischer o.J., S. 348).

Alle Kinder für einige Jahre zusammen ist für die soziale Erziehung wichtig, es darf nicht verkannt werden, daß jedem Kind der ihm angemessene Weg zu seiner „Schulfähigkeit" im eigentlichen Sinne gebahnt werden muß (vgl. Spranger 1955).

Der Deutsche Ausschuß für das Erziehungs- und Bildungswesen hat in seinem Gutachten über die Erziehung in der frühen Kindheit u. a. darauf hingewiesen, daß die Schulneulinge geistig unterschiedlich entwickelt sind und daß diese Unterschiede durch die neueren Methoden des Unterrichts, die von Beginn an auf Sinnverständnis zielen, deutlicher als früher hervortreten.

Der Strukturplan für das Bildungswesen (1970) und der Bildungsgesamtplan (1973) greifen die Thematik auf. In der Folge werden in der Bundesrepublik Modellversuche durchgeführt, die sich schwerpunktmäßig mit der Frage der institutionellen Zuordnung der Fünfjährigen befaßten. In Kindergärten wurden Versuche mit altersgemischten Gruppen oder einjährigen Vermittlungsgruppen durchgeführt, in den Grundschulen mit zweijährigen Eingangsstufen sowie einjährigen Vorklassen. Der Auswertungsbericht der Bund-Länder-Kommission (1976) weist ausdrücklich auf die Notwendigkeit der Abstimmung sowohl des inhaltlichen als auch des didaktisch-methodischen Angebots in der Übergangsphase hin. Damit ist gleichermaßen die Zusammenarbeit beider Bildungseinrichtungen gefordert. Die Erfahrungen aus den Modellversuchen und bildungspolitische Überlegungen haben zu der Entscheidung geführt, daß die Fünfjährigen vorrangig zur Betreuung im Kindergarten verbleiben. An Grundschulen eingerichtete Vorklassen bleiben bestehen, sind aber nicht als Konkurrenzeinrichtung zum Kindergarten zu verstehen. Eine mögliche Neuerrichtung von Vorklassen ist nur dann in Abstimmung mit den Trägern der Kindergärten möglich, wenn eine ausreichende Zahl von Kindergartenplätzen nicht vorgehalten werden kann. (*Deutscher Bildungsrat:* Empfehlungen der Bildungskommission *Strukturplan* für das Bildungswesen. Klett-Verlag, Stuttgart, 1970; *Bildungsgesamtplan,* Band I: Bund-Länder-Kommission für Bildungsplanung. Klett-Verlag, Stuttgart, 1973; *Bund-Länder-Kommission* für Bildungsplanung und Forschungsförderung: Fünfjährige in Kindergärten, Vorklassen und Eingangsstufen. Klett-Verlag, Stuttgart, 1976.)

Der positive Verlauf des Schulanfanges, d. h. ob Schulfähigkeit gegeben ist oder herbeigeführt werden kann, hängt deshalb auch von der Zusammenarbeit zwischen den bestehenden Institutionen ab. Hinzu kommt das Zusammenwirken der Faktoren: aktueller Entwicklungsstand des Lernanfängers, familiäre Situation sowie Anforderungen und Lernbedingungen im Erstunterricht.

Die nachfolgende Graphik soll noch einmal verdeutlichen, daß unter Schulfähigkeit nicht ein für einen bestimmten Zeitpunkt fest zu umreißender Entwicklungsstand verstanden werden darf.

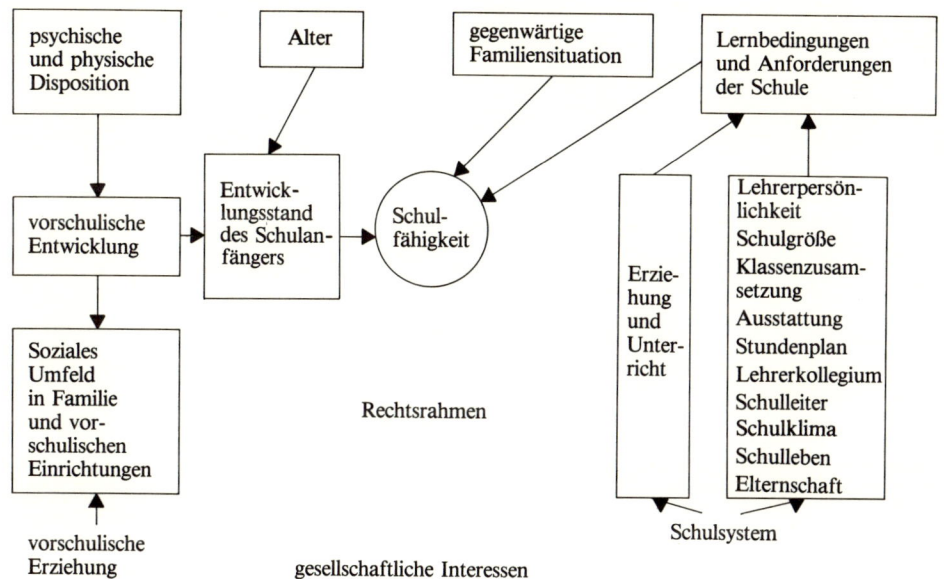

psychische und physische Disposition

Alter

gegenwärtige Familiensituation

Lernbedingungen und Anforderungen der Schule

vorschulische Entwicklung

Entwicklungsstand des Schulanfängers

Schulfähigkeit

Soziales Umfeld in Familie und vorschulischen Einrichtungen

Erziehung und Unterricht

Lehrerpersönlichkeit
Schulgröße
Klassenzusammensetzung
Ausstattung
Stundenplan
Lehrerkollegium
Schulleiter
Schulklima
Schulleben
Elternschaft

Schulsystem

vorschulische Erziehung

Rechtsrahmen

gesellschaftliche Interessen

33

Die Zeit vor dem ersten Schultag

Erinnerungen Erwachsener an die Einschulung sind sicher unterschiedlich intensiv. Sie stimmen weitgehend darin überein, daß der erste Schultag die Erinnerung überwiegend prägt:

Schulanfängergottesdienst, viele Kinder mit Ranzen und Zuckertüte, für den ersten Schultag fein angezogen, begleitet von Eltern und Verwandten, Einschulungsfeier, Kennenlernen der Lehrkraft, erstes gemeinsames Tun in der Klasse, Einzel- und Gruppenfoto. Diese Äußerlichkeiten haben Empfindungen wie Angst vor dem bislang Unbekannten, Unsicherheit gegenüber dem Neuen ebenso weitgehend überdeckt wie die Frage „Warum muß ich überhaupt in die Schule?" oder „Wann geht es denn endlich richtig mit Schule los?"

Bei längerem Nachdenken fällt Erwachsenen unter Umständen noch ein, wie es war, als der Schulranzen gekauft wurde, daß ein Schulreifetest für alle Kinder stattgefunden hat, daß man vor der Einschulung schon einmal zur Anmeldung in der Schule war.

Solche Erinnerungen sind geeignet, Tradition zu pflegen, zeigen persönliche Betroffenheit auf, vermögen aber nicht zu verdeutlichen, was vorbereitend durchdacht, geplant und organisiert werden mußte, um einen „gleitenden" Schulanfang zu ermöglichen.

Das Einschulungsverfahren beginnt weit vor dem ersten Schultag und umfaßt pädagogische Überlegungen, rechtliche und organisatorische Fragen ebenso wie die Zusammenarbeit mit anderen für Schule relevanten Einrichtungen und eine rechtzeitige umfassende Information der Eltern.

Wenngleich der Einschulungsvorgang Sachzwängen unterliegt, läßt sich die zeitliche Abfolge dennoch zweckmäßig und sinnvoll gestalten.

Der Ablaufplan des Einschulungsverfahrens (s. S. 35) ist als Vorschlag gedacht und soll erinnern, erforderliche Absprachen rechtzeitig zu treffen, um eine reibungslose Organisation zu ermöglichen. Zuständig und verantwortlich ist in erster Linie der Schulleiter, dessen wichtigste Aufgabe darin besteht, Kontakte zu allen Institutionen, die in das Einschulungsverfahren einzubeziehen sind, zu pflegen bzw. zu knüpfen.

Diese Kontakte sollten zu sinnvoller Zusammenarbeit führen mit dem Ziel, Einschulung und Schulanfang zu einem Übergang und nicht zu einem Einschnitt werden zu lassen.

Erforderlich ist die Zusammenarbeit mit

- dem Schulträger
- dem Staatlichen Gesundheitsamt
- dem zuständigen Schulaufsichtsamt
- Schulkindergarten
- Vorklasse
- Kindergarten

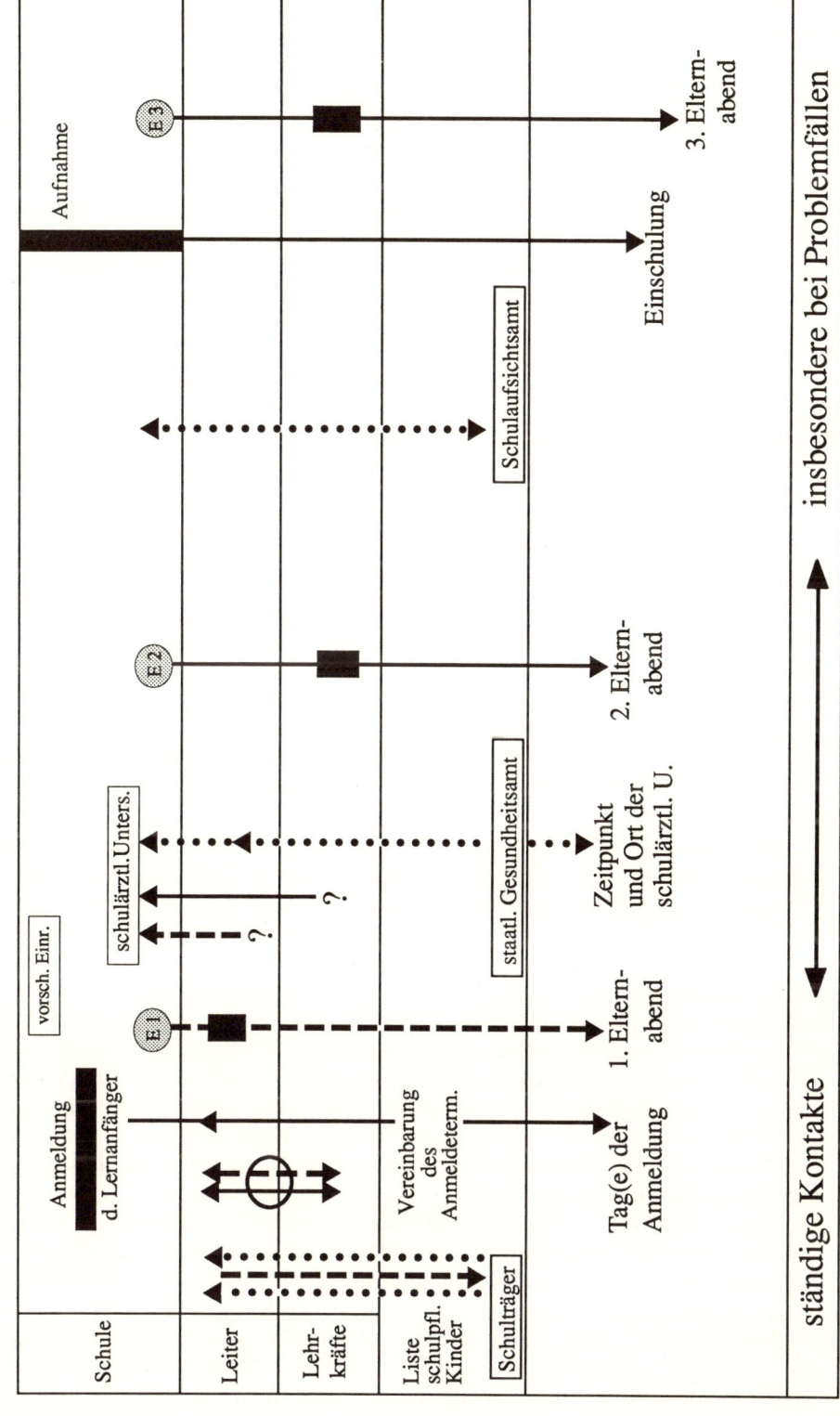

35

- den Erziehungsberechtigten der Lernanfänger

- Spielkreis
- Sonderschule(n)
- Sonderkindergarten

Mit dem Schulträger sollte vereinbart werden, im Januar ein Verzeichnis der künftigen Lernanfänger zugestellt zu bekommen (in der Regel Computerausdruck). Das Verzeichnis ist zu prüfen und gegebenenfalls in Abstimmung mit dem Schulträger zu korrigieren. Das Verzeichnis muß auch die Namen der Kinder enthalten, die möglicherweise als sogenannte *Kann-Kinder* vorzeitig zum Schulbesuch angemeldet werden könnten. Der Schulträger ist auch zu befragen, ob ihm Kinder gemeldet bzw. bekannt sind, die aufgrund von Behinderungen bereits vor Beginn der Schulpflicht in der Behinderungsart entsprechenden besonderen Einrichtungen betreut werden. Auch diese Kinder sind in das Einschulungsverfahren einzubeziehen, selbst dann, wenn ein Verbleib in einer sonderpädagogischen Einrichtung gegeben ist.

Der Anmeldetermin ist mit dem Schulträger ebenso zu vereinbaren wie das Verfahren der Bekanntmachung.

Als zweckmäßig hat sich als Anmeldetermin der Zeitpunkt von Ende Februar bis Ende März erwiesen. Einerseits bleibt der Bezug zur Schule bis zum ersten Schultag für die Beteiligten überschaubar, andererseits verbleibt der Schule hinreichend Zeit, die weiteren erforderlichen Aktivitäten durchzuführen.

Das Leben in der Schule verlangt von den Kindern eine beträchtliche Umstellung und von den Eltern eine neue Einstellung. Die Schule muß dem Rechnung tragen; der Lehrer muß sich bemühen, die psychische und physische Belastung so gering wie möglich zu halten. Das gilt nicht erst vom ersten Schultag an. Entscheidend ist bereits der erste Kontakt, den Kinder und Eltern zur Schule knüpfen. Das geschieht in der Regel am Tag der Anmeldung. Dieser Tag sollte deshalb so gestaltet werden, daß Kindern und Eltern ein erster Einblick in den Lebenskreis Schule ermöglicht wird.

Innerschulisch sollte bis zum Tag der Anmeldung geklärt sein, wer im kommenden Schuljahr ein erstes Schuljahr übernimmt. Diese Lehrkräfte werden am Tag der Anmeldung mit einbezogen, um die Kinder in einem Spielkreis kennenzulernen, während die eigentliche Anmeldung einzeln beim Schulleiter erfolgt. Zur Anmeldung sollten die Eltern in Gruppen eingeladen werden, um einen möglichst reibungslosen Ablauf sicherzustellen. Ob nach Wohngebieten oder nach dem ABC gruppiert wird ist letztlich nicht entscheidend. Praktische Erwägungen sprechen für die alphabetische Gruppierung, weil dann selten der Fall eintritt, daß das Kind der Nachbarin mit angemeldet wird. Der rein formale Teil – Aufnahme der Personalien, Anlegen einer Karteikarte – kann durch die Schulsekretärin erfolgen. Der Schulleiter nimmt sich Zeit für ein Gespräch mit dem Kind und den Eltern bzw. dem Elternteil, der das Kind anmeldet. Das Gespräch soll die Anmeldung aus dem formalen Ablauf herausheben und vom Schulleiter so geführt werden, daß die Eltern Gelegenheit bekommen, ihre Erwartungen zu artikulieren, Fragen zu stellen, Bedenken und Wünsche zu äußern. Für den Schulleiter ist es bedeutsam, schon in diesem ersten Gespräch zu erfahren, ob die Eltern bereits über Schulerfahrung verfügen (ältere Kinder in der Schule), ob das Kind Geschwister hat, ob es mit anderen Kindern spielt, ob es gesund und belastbar ist, ob es Besonderheiten zu bedenken gilt; möchte das Kind in die Schule gehen, kann es längere Zeit bei einer Sache bleiben, nimmt es sich schon selbst Aufgaben vor, hat es zu Hause für etwas

Verantwortung übernommen, beachtet es Gebote bzw. Verbote, kann es sich allein anziehen, geht es gern in den Kindergarten. Die Eltern haben Anspruch darauf zu erfahren, wie es bis zum Schulanfang weitergehen wird: schulärztliche Untersuchung, erster Elternabend, wann die Klasseneinteilung erfolgt ...

Im Gespräch mit dem Kind über dessen Vorerfahrungen z. B. in vorschulischen Einrichtungen, über seine Vorstellung von Schule, über Lieblingsbeschäftigungen u. ä. gewinnt der Schulleiter einen ersten Eindruck über die Schulbereitschaft eines Kindes und über das Anregungsniveau. Unter Umständen ergeben sich in diesem ersten Gespräch bereits Hinweise auf mögliche Problemfälle bezüglich der Schulfähigkeit oder möglicher Sonderschulbedürftigkeit.

Es geht noch nicht darum, genetische Bedingungen zu erkennen, dennoch sollte der Schulleiter gravierende persönliche Merkmale des Lernanfängers für sich festhalten.

Wichtig ist, sich kennenzulernen, sich gegenseitig zu informieren, um Schule besser akzeptieren zu können.

Warten auf den formalen Ablauf der Anmeldung erfordert, vor allem für die Kinder, ein schulisches Angebot, soll nicht der Eindruck entstehen, Schule ist langweilig und eigentlich etwas für Erwachsene. „Ich bin nur mitgenommen worden zum Vorzeigen."

Für die wartenden Kinder könnte z. B. ein Spielkreis durchgeführt werden, betreut von den künftigen Erstklaßlehrkräften, gegebenenfalls unter Einbezug an der Schule tätiger Sozialpädagogen. Wenn irgend möglich, sollten zwei Lehrkräfte eine Gruppe betreuen. Eine, die mit den Kindern spielt und die zweite, die erste Beobachtungen notiert. Wie ein solcher Spielkreis zu organisieren ist, hängt von der Situation und von der Größe der Schule ab. Die Gestaltung ist deshalb unterschiedlich; es sollten aber grundsätzliche Prinzipien bedacht werden:

- Spiele und Materialien bereithalten, die Aufforderungscharakter haben.
  - ○ Kennenlernspiele
  - ○ gemeinsam singen
  - ○ bauen und türmen
  - ○ formen mit Plastilin
  - ○ fragen und erzählen lassen, gegebenenfalls geeignete Bilderbücher.
- Aktivitäten anbieten, die sich am ersten Schultag wieder aufgreifen lassen.
  - ○ Namenskärtchen bemalen lassen, wieder einsammeln, um sie am ersten Schultag wieder zu verwenden
  - ○ Stecklinge einpflanzen (Fleißiges Lieschen, Buntnessel o. ä.), die Töpfe mit Namenskärtchen versehen, von Patenklasse(n) pflegen lassen und den Lernanfängern am ersten Schultag als „ihre Blume" zurückzugeben.
- Beim Spielen können Kinder aus Patenklassen helfen, so werden bereits früh andere Schuljahrgänge in den Einschulungsvorgang mit einbezogen und fühlen sich mit verantwortlich. Die Patenklassen können vor den Sommerferien die Lernanfänger brieflich für den ersten Schultag einladen, am ersten Schultag und während der ersten Wochen ihr Patenamt helfend wahrnehmen.

Das setzt voraus, daß Erstklaßlehrkräfte und Lehrkräfte der Patenklassen miteinander kooperieren. Das ist auch ein Stück gestaltetes Schulleben.

Die Zusammenarbeit mit vorschulischen Einrichtungen ist während des Einschulungsvorganges intensiv zu betreiben (vgl. 1. Elternabend). Auch in diesem Bereich sind die Voraussetzungen der einzelnen Schulen unterschiedlich. Grundschulen, an denen Schulkindergarten und Vorklassen geführt werden, haben den ständigen Kontakt zu diesen Einrichtungen, und es bedarf insofern keiner besonderen Maßnahmen. Grundschulen, deren zurückgestellte Kinder in den Schulkindergarten einer benachbarten GS eingewiesen sind, müssen mit dieser GS und insbesondere mit der Leiterin des Schulkindergartens eng kooperieren, um über die Entwicklung der Zurückgestellten informiert zu sein, mögliche Probleme rechtzeitig zu erfahren und einer evtl. Sonderschulbedürftigkeit nachgehen zu können.

Ein gleitender Schulanfang läßt sich nur organisieren, wenn mit allen vorschulischen Einrichtungen zusammengearbeitet wird. Daß die Zusammenarbeit vielerorts gut funktioniert, ist zu begrüßen; im Interesse der Kinder sollte aber überall zusammengearbeitet werden. Für den Beginn oder die Erhaltung der Zusammenarbeit lassen sich keine Rezepte geben. Möglichkeiten sind aus der jeweils örtlichen Situation zu finden. Dabei ist nicht entscheidend, wer den ersten Schritt geht.

Lehrkräfte, Sozialpädagogen und Erzieherinnen sollten die jeweils andere Institution, ihre Aufgaben und die Arbeitsweisen sowie die sächliche Ausstattung kennenlernen, um davon zu lernen.

Dazu bedarf es der gegenseitigen Information und auch der Hospitation. Daraus läßt sich ein Miteinander entwickeln.

Auf das Einschulungsverfahren bezogen ist es unverzichtbar, daß die Grundschule mit den vorschulischen Einrichtungen über die künftigen Lernanfänger spricht, um zu erfahren, ob es Besonderheiten zu beachten oder zu berücksichtigen gilt. Die Grundschule sollte die bisherigen Arbeitsweisen und Lernformen kennenlernen, um weiterführend aufzubauen. Das ist durch Besuche und Hospitationen in den Gruppen am besten möglich. Hier kann von den jeweiligen Gruppenleiterinnen u. a. auf Problemfälle aufmerksam gemacht werden, die besonderer Beobachtung bedürfen. Hier ist auch gute Gelegenheit, seitens der vorschulischen Einrichtungen auf jene Kinder hinzuweisen, deren Schulfähigkeit in Frage gestellt wird. Erfahrungen und Beobachtungen der Erzieherinnen sind für die Grundschule bedeutsame Entscheidungshilfen. Vorschulische Einrichtungen können insbesondere über den emotional-sozialen Entwicklungsstand der Kinder informieren. Auskünfte sind erwünscht und erforderlich und um so gezielter möglich, wie ein offenes Gespräch zustande kommt. Es darf weder eine schriftliche gutachterliche Stellungnahme gegeben noch gefordert werden. Überhaupt ist ein Ersuchen um schriftliche Auskunft das am wenigsten geeignete Verfahren, miteinander für die Kinder den Schulanfang möglichst reibungslos zu organisieren.

Für die Zusammenarbeit zwischen vorschulischen Einrichtungen und Grundschule ist es förderlich, wenn man sich – gerade während der Zeit, in der das Einschulungsverfahren läuft – gegenseitig zu Elternabenden einlädt (vgl. Elternabend).

Die Staatlichen Gesundheitsämter sind für die schulärztliche Untersuchung der Lernanfänger zuständig. Die Grundschule ist auf die Ergebnisse dieser Untersuchungen angewiesen, um über Aufnahme in die Grundschule oder Zurückstellung vom Schulbesuch entscheiden zu können, bezogen auf die körperliche Schulfähigkeit. Weil die Staatlichen Gesundheitsämter die Lernanfängeruntersuchungen in allen Grundschulen ihres Zuständigkeitsbereiches durchzuführen haben, bedarf es einer rechtzeitigen Terminabsprache zwischen Gesundheitsamt und dem jeweiligen Schulleiter. Der Schulleiter sollte Anfang März bereits Kontakt mit dem Gesundheitsamt aufnehmen, um Zeitpunkt und Ort der Untersuchung zu vereinbaren. Die

Untersuchungen sollten spätestens Ende Mai abgeschlossen sein, damit der Schule hinreichend Zeit bleibt, notwendige Maßnahmen aufgrund der Untersuchungsergebnisse zu veranlassen.

Immer wieder treten in diesem Zusammenhang Fragen und zum Teil Unsicherheit auf über Entscheidungszuständigkeiten. Über die Aufnahme in die Grundschule oder die Zurückstellung vom Schulbesuch entscheidet der Schulleiter der Grundschule.

Stellt der Schularzt bei einem Kind fest, daß es noch nicht schulfähig ist, so ist der zuständige Schulleiter entsprechend zu informieren. Unter Berücksichtigung des Datenschutzes teilt das Gesundheitsamt dem Schulleiter die für seine Entscheidung wichtigen Fakten mit. In der Regel wird der Schulleiter aufgrund der schulärztlichen Feststellung ein solches Kind zurückstellen (vgl. Zusammenarbeit mit dem Schulaufsichtsamt). Wird durch den Schularzt bei einem bereits im Vorjahr zurückgestellten Kind Schulunfähigkeit festgestellt, veranlaßt der Schulleiter die Überprüfung auf Sonderschulbedürftigkeit. Auch bei schulärztlichen Untersuchungen können Zweifelsfälle auftreten, bei denen unter Umständen eine Zurückstellung empfohlen wird. Das Gesundheitsamt teilt seine Bedenken dem Schulleiter mit. Dieser muß sich vor seiner Entscheidung ein Bild über die kognitive und soziale Schulfähigkeit der Kinder machen. Dabei sind Erfahrungen und Beobachtungen aus vorschulischen Einrichtungen ebenso zu berücksichtigen wie die Eindrücke und Beobachtungen am Tag der Anmeldung. Damit sind die Zweifel in den seltensten Fällen ausgeräumt. Möglicherweise verhilft ein anerkannter Schulreifetest, der bei der Entscheidung über eine Zurückstellung in Zweifelsfällen durchgeführt werden kann, zu größerer Klarheit. Gegebenenfalls ist die Schulpsychologische Beratung einzuschalten. Hilfreich ist ein Gespräch zwischen Schularzt, Eltern und Schulleiter. Lassen sich die Zweifel nicht ausräumen, ist das Kind zunächst in die Schule aufzunehmen mit dem begründeten Hinweis an die Eltern, daß im Verlauf der ersten 6 Schulwochen, spätestens bis zum 1. 12. des Jahres das Kind unter Umständen doch zurückgestellt werden muß.

Bei der schulärztlichen Untersuchung festgestellte Behinderungen bei Kindern sind dem Schulleiter der jeweiligen Grundschule, gegebenenfalls mit einer Empfehlung für die weitere Betreuung, mitzuteilen. Der Schulleiter informiert das Schulaufsichtsamt und beantragt, diese Kinder in eine ihrer Behinderung entsprechende Einrichtung einzuweisen.

Der Schulleiter sollte auf jeden Fall auch das Gesundheitsamt befragen, ob dort Kinder gemeldet oder bekannt sind, die aufgrund von Behinderungen bereits in besonderen vorschulischen Einrichtungen betreut werden.

Gegebenenfalls ist das Verzeichnis der Schulanfänger zu ergänzen.

Die Frage, ob Schulleiter und/oder Erstklaßlehrer bei der schulärztlichen Untersuchung anwesend sein dürfen, läßt sich nicht definitiv beantworten. Aus pädagogischer Sicht wäre eine Anwesenheit wünschenswert, um für die Entscheidung – Aufnahme in die Grundschule oder Zurückstellung vom Schulbesuch – so umfassend wie möglich informiert zu sein und gegebenenfalls unverzüglich ein klärendes Dreiergespräch führen zu können. Da keinerlei Anspruch auf Anwesenheit des Schulleiters und/oder Erstklaßlehrers besteht, läßt sich eine Lösung nur im gegenseitigen Einverständnis finden, d. h. Schularzt und Erziehungsberechtigte müßten sich einverstanden erklären.

D. Sozialminister

Schulgesundheitspflege; Einschulungsuntersuchungen

Gem. RdErl. d. MS u. d. MK v. 2. 1. 1984 — 402-41520/06

— GültL MS 220/120 —

1. Von Eltern sind im Zusammenhang mit der Einschulungsuntersuchung wiederholt Beschwerden darüber erhoben worden, daß ihnen Fragebogen mit Fragen vorgelegt wurden, die tief in den Lebensbereich des Kindes und der Familie eindringen. Außerdem werde nicht hinreichend darüber aufgeklärt, daß die Beantwortung freiwillig ist.

Es wird darauf hingewiesen, daß die Verwendung von Fragebogen und die Erforschung der gesundheitlichen und sozialen Verhältnisse des Kindes bei der Einschulungsuntersuchung aus Gründen des Datenschutzes Einschränkungen unterliegt. An Stelle von Fragebogen sind daher künftig zur Vorbereitung eines rationellen Untersuchungsablaufs nur noch Hinweise auf die zu erwartenden Fragen an die Eltern zu geben. Diese Hinweise können mit der Bitte verbunden werden, die Antworten auf die zu erwartenden Fragen schriftlich vorzubereiten und die entsprechende Zusammenstellung dem Schularzt bei der Untersuchung auszuhändigen. Dabei ist stets zu betonen, daß es sich um eine freiwillige Mitwirkung handelt, aus deren Versagung weder dem Kind noch den Erziehungsberechtigten Nachteile erwachsen werden, und daß aus übergebenen Unterlagen lediglich die schulisch relevanten Angaben in die Schulgesundheitskartei beim Gesundheitsamt übernommen werden.

2. Ein Muster eines Informationsschreibens — wie es z. Z. in Hannover im Modell erprobt wird — mit datenschutzrechtlich zulässigen Fragen und Angaben ist nachstehend abgedruckt **(Anlage)**.

3. Im Interesse des Kindes kann es erforderlich werden, Informationen an Lehrer weiterzugeben. Dazu ist das Einverständnis der Eltern erforderlich. Sämtliche erhobenen Daten sind spätestens drei Jahre nach der Schulentlassung zu löschen. Die Weitergabe von Daten zu statistischen oder Forschungszwecken ist nur in anonymisierter Form zulässig. Meldepflichten oder -rechte auf Grund gesetzlicher Vorschriften bleiben unberührt.

An die
Bezirksregierungen,
Landkreise und kreisfreien Städte,
Gemeinden.

— Nds. MBl. Nr. 10/1984 S. 164

Liebe Eltern,
Ihr Kind wird demnächst eingeschult und damit sowohl körperlich als auch geistig vor neue Aufgaben gestellt.

Der Gesetzgeber hat den Schularzt verpflichtet, vorher zu prüfen, ob den zu erwartenden Leistungsanforderungen gesundheitliche Schäden oder Störungen entgegenstehen, die der zusätzlichen Hilfe von seiten des Arztes oder auch des Lehrers bedürfen. Auch soll festgestellt werden, ob das Kind in seiner gesamten Reifeentwicklung den Anforderungen der Schule gewachsen ist.

Um dies beurteilen zu können, ist eine eingehende ärztliche Untersuchung Ihres Kindes erforderlich, bei der wir auf Ihre Unterstützung angewiesen sind. Für eine umfassende Beurteilung braucht der Arzt von Ihnen einige Angaben über die bisherige Entwicklung Ihres Kindes. Wichtige Fragen haben wir schon einmal für Sie zusammengestellt (A n l a g e). Wir bitten Sie, sich in aller Ruhe zu Hause auf diese Fragen vorzubereiten, an die wir dann bei der Untersuchung anknüpfen können. Wenn Sie sich die Antworten auf unsere Fragen bereits sorgfältig überlegt haben und die Zusammenstellung bereits ausgefüllt zur Untersuchung mitbringen, so kann das die Durchführung der Untersuchung erleichtern.

Ihre **Angaben** erfolgen natürlich **freiwillig** und unterliegen der **ärztlichen Schweigepflicht** und dem **Datenschutz**.

Es ist völlig in Ihr Belieben gestellt, ob Sie die Antworten bereits schriftlich vorbereitet mitbringen und dem Schularzt bei der Untersuchung übergeben. Wir weisen Sie ausdrücklich darauf hin, daß Ihnen und Ihrem Kind nicht der geringste Nachteil entsteht, wenn Sie die Zusammenstellung nicht ausfüllen und nicht abgeben. Bitte bringen Sie zur Untersuchung auch das Impfbuch bzw. Impfbescheinigungen und das Vorsorgeheft über Vorsorgeuntersuchungen im Säuglings- und Kleinkindalter mit.

Selbstverständlich werden alle Ihre Angaben streng vertraulich behandelt. Nur die für uns wichtigen Angaben werden in eine Gesundheitskartei übernommen, die Ihr Kind während seines weiteren Schullebens begleitet, weil es von uns noch mehrfach im Laufe der nächsten zehn Jahre untersucht wird. Der Lehrer wird grundsätzlich nur dann unterrichtet, wenn dies im Interesse Ihres Kindes sinnvoll ist **und** Sie damit einverstanden sind. Die Unterlagen werden spätestens drei Jahre nach der Schulentlassung vernichtet.

Die Einschulungsuntersuchung für.................................... findet am .... um .... im .... statt.

Sollten Sie diesen Termin nicht wahrnehmen können, bitten wir um Nachricht, damit wir Ihnen einen neuen Termin vorschlagen können.

Mit freundlichen Grüßen
Ihr Schularzt

Zwischen Grundschule und Schulaufsichtsamt bedarf es während des Einschulungsvorgangs ständiger gegenseitiger Information.

Aufgrund des vom Schulträger der Grundschule zugestellten Verzeichnisses der Lernanfänger ist möglicherweise die Februarstatistik bezüglich der Schülerzahlen zu korrigieren. Eine weitere Korrektur kann erforderlich werden, wenn die Anzahl der angemeldeten *Kann-Kinder* vom kalkulierten Erfahrungswert abweicht.

Da sich eine veränderte Schülerzahl auf die Unterrichtsversorgung auswirkt und sich auf die Klassenbildung auswirken kann, muß das Schulaufsichtsamt entsprechend informiert werden.

Zurückstellungen aufgrund des Ergebnisses der schulärztlichen Untersuchung sowie Zurückstellungen aufgrund unzureichender kognitiver und/oder sozialemotionaler Schulfähigkeit sind dem Schulaufsichtsamt zu melden. Zugleich schlägt die

Grundschule vor, in welcher Weise diese Kinder während des Zurückstellungsjahres betreut werden sollen.

Kinder, deren Sonderschulbedürftigkeit sich bereits während des Einschulungsvorganges feststellen läßt, sind dem Schulaufsichtsamt zu melden, ebenso solche Kinder, bei denen eine Überprüfung auf Sonderschulbedürftigkeit angezeigt erscheint.

Für mögliche Problemfälle, für die die Grundschule zusätzliche Entscheidungshilfe benötigt, ist ein Gespräch mit dem Schulaufsichtsamt erforderlich; gegebenenfalls ist die schulpsychologische Beratung zu beantragen.

Gestaltung des Schulanfangs

Bei der Gestaltung des Schulanfanges ist von den Gegebenheiten der derzeitigen Schulorganisation auszugehen, die sich seit 1954, als Ilse Lichtenstein-Rothers Buch „Schulanfang" erschien, und auch seit 1969 (Neufassung) erfreulich verbessert haben. Die durchschnittliche Klassenfrequenz, die Unterrichtsversorgung und das Raumangebot entsprechen weitgehend den Forderungen, die Ilse Lichtenstein-Rother 1954 und auch noch 1969 aufgestellt hat. Dennoch hat sich die Erwartung, daß sich mit der Besserung „unzureichender Verhältnisse der Schulwirklichkeit" auch das Verständnis von Grundschule und Arbeit in der Grundschule verbessern würde, nur teilweise erfüllt. Die Kritik an der Organisation und an der Leistung der Grundschule ist nach wie vor unüberhörbar. Insbesondere gehören der Erstunterricht und der Schulanfang zu den Problemfeldern der Grundschularbeit. Wenngleich die kindgemäße Gestaltung der Grundschulerziehung, insbesondere der Schulanfangsphase, keine neue Forderung ist, scheint sie für viele Grundschullehrer ungewohnt zu sein. Zum Teil so ungewohnt, daß eine Scheu, manchmal sogar ängstliche Besorgnis besteht, ein erstes Schuljahr zu übernehmen.

Daß der erste Schulerfolg von verschiedenen Bedingungen abhängt bzw. durch sie bestimmt wird, steht außer Frage. Das Bedingungsgefüge darf nicht als Vorwand dienen, alles oder doch vieles beim Herkömmlichen zu lassen, es ist vielmehr daraufhin zu überprüfen, welche Bedingungen sind unveränderbar und welche lassen sich verändern und damit zugleich so gestalten, daß das Recht auf Bildung in kindgemäßer Weise verwirklicht werden kann. Das Kind, der Schüler, hat bei der Frage nach Veränderbarkeit und Gestaltung im Mittelpunkt zu stehen. Der Rechtsrahmen – das Grundgesetz der Bundesrepublik Deutschland, die (vorläufigen) Länderverfassungen, die Schulgesetze bzw. Schulpflichtgesetze der Länder, die Organisationserlasse und die Rahmenrichtlinien bzw. Lehrpläne – innerhalb dessen Schule und Schulleben, Unterricht und Erziehung zu organisieren ist, muß Schule auch als Funktion der Gesellschaft sehen. Rechtliche und schulrechtliche Vorgaben stehen allgemein gültigen pädagogischen und erziehungswissenschaftlichen Erkenntnissen nicht entgegen, die Freiräume ermöglichen nicht nur pädagogische Gestaltung von Schule und Leben in der Schule, sondern fordern dazu heraus. Eine Veränderung des Rechtsrahmens ist sicherlich schulintern nicht möglich, aber ihn kennen, richtig (recht) verstehen und in rechter Weise anwenden eröffnet die pädagogischen Möglichkeiten, den Schulanfang so zu gestalten, daß zugleich mit der didaktischen Aufgabe des Unterrichts die erzieherische Förderung des einzelnen Kindes wahrgenommen werden kann und die Kinder so sinnvoll in die Schularbeit eingeführt werden können.

In diesem Bedingungsgefüge ist die Zusammenarbeit mit den Eltern bedeutsam. Bis zur Wahl einer Elternvertretung gibt es für Eltern noch keine Möglichkeit, bei

Entscheidungen über die schulische Ausbildung ihrer Kinder im Sinne des kollektiven Elternrechts mitwirken zu können. Umso notwendiger ist es, daß die Schule gerade während des Einschulungsverfahrens Möglichkeiten der Zusammenarbeit anbietet, indem Situationen organisiert werden, in denen die gemeinsame Verantwortung von Elternhaus und Schule für das Wohl des Kindes einsichtig gemacht werden kann und Formen eines freiwilligen Zusammenwirkens gefunden werden. Zusammenarbeit kann nicht verordnet werden, Schule und Elternhaus müssen zusammenarbeiten wollen. Während der Zeit des Einschulungsvorganges muß die Initiative von der Schule ausgehen. In dieser ersten Zeit läßt sich Grund legen für eine kontinuierliche Zusammenarbeit, die in der Grundschule besonders wichtig ist, um eine mögliche Belastung der Kinder durch Unterschiede zwischen der Erziehung im Elternhaus und Erziehung und Lernen in der Schule so gering wie möglich zu halten. Begegnen sich Lehrer und Eltern, um über schulische Fragen zu sprechen, kann es dazu kommen, daß ein Gespräch schwer zustande kommt oder daß es unter Umständen sogar kommunikative Störungen gibt, die eigentlich keiner möchte. Die Gründe dafür liegen schwerpunktmäßig darin, daß sich Eltern und Lehrer zu wenig kennen, daß die gegenseitige Information als unzureichend angesehen wird und daß unterschiedliche Erwartenshaltungen über die Aufgaben und Ziele der Arbeit in der Schule vorliegen.

Die Schule sollte für diese drei Bereiche Situationen schaffen, die geeignet sind, Hemmnisse abzubauen, Verständnis anzubahnen und damit vertrauensbildend zu wirken (vgl. Elternabend). Mit Beginn der Schulpflicht übernimmt die Schule neben dem Elternhaus Verantwortung für das Kind. Es muß deshalb ein Ziel sein, diese Verantwortung zu einer gemeinsamen werden zu lassen. Das Bundesverfassungsgericht hat 1972 u. a. klargestellt, daß ein ausschließlicher Erziehungsanspruch der Eltern nicht gegeben ist. „Der staatliche Erziehungsauftrag in der Schule, von dem Artikel 7 Abs. 1 GG ausgeht, ist in seinem Bereich dem elterlichen Erziehungsrecht nicht nach-, sondern gleichgeordnet. Diese gemeinsame Erziehungsaufgabe von Eltern und Schule, welche die Bildung der einen Persönlichkeit des Kindes zum Ziel hat, läßt sich nicht in einzelne Kompetenzen zerlegen. Sie ist in einem sinnvoll aufeinander bezogenen Zusammenwirken zu erfüllen" (BVerf.G. 1972, 34., S. 183).

Vielerorts funktioniert eine solche Zusammenarbeit bereits gut, anderenfalls ist sie in Gang zu setzen, damit Eltern, Lehrer und Schüler sich besser mit ihrer Schule identifizieren lernen.

Zusammenarbeit mit den Eltern läßt sich intensivieren und damit positiv verändern. Offenheit auf beiden Seiten muß mit wirklicher Bereitschaft und gegenseitiger Ermunterung einhergehen.

Vor allem geht es in diesem Bedingungsgefüge um den Schüler selbst; persönliche Merkmale des Lernanfängers beeinflussen den ersten Schulerfolg entscheidend. Persönliche Merkmale oder Voraussetzungen korrespondieren mit den Anforderungen bzw. den Lernbedingungen der Schule. Die Voraussetzungen der Kinder sind unterschiedlich und werden nicht nur beeinflußt durch Veranlagungen, Fähigkeiten und mögliche Behinderung, sondern auch von der Erwartenshaltung eines Kindes, die oft fremdbestimmt ist. Erfahrungen, die das Kind vor der Schulzeit in der Familie, im Umgang mit Spielgefährten, im Spielkreis, Kindergarten, Kinderhort oder Vorklasse machte, beeinflussen seine Schulbereitschaft. Diese Erfahrungen, seien sie sachbezogen oder im sozialen Feld erworben, sind zugleich als wesentliche Lernerfahrung zu sehen und besonders in der Schulanfangsphase zu berücksichtigen. Erfahrungen kann man nicht verändern. Aufgrund der Erfahrungen läßt sich aber auf das Anregungsniveau schließen, es lassen sich Anregungsdefizite feststellen und daraus Folgerungen für die Gestaltung der Schulanfangsphase ziehen. Es muß als wesentliche Aufgabe gesehen werden, die in der Regel bei Kindern vorhandene Schulbereitschaft zu erhalten und zu stabilisieren.

Auch die Bedingungen in der Schule sind unterschiedlich. Sie sind abhängig von der Größe und Organisationsform der Schule, von lokalen und situativen Gegebenheiten, von der Ausstattung, von der personellen Situation und den personalen Bezügen sowie von der jeweiligen Klasse. Trotz Unterschiedlichkeit von Schule zu Schule bedarf es der schülerbezogenen Gestaltung von Schule. Lotte Schenk-Danzinger formulierte bereits 1969: „Die Schule hat die Möglichkeit, sich an das Kind und seine Bedürfnisse anzupassen und muß nicht das Kind zwingen, sich an starre Forderungen der Schule anzupassen."

Die Auffassung, Schule sei ausschließlich ein Produkt wissenschaftlicher Erkenntnis und materieller Ausstattung mit einem festgefügten Anspruchsniveau und verbindlicher Gültigkeit, ist offenbar nicht leicht zu verändern. Schule muß aber so verändert werden, daß sie in der Lage ist, Kinder mit unterschiedlichen Voraussetzungen aufzunehmen und angemessen zu fördern. (*Schenk-Danzinger, L.:* Schuleintrittsalter, Schulfähigkeit und Lesereife. Stuttgart, 1969.)

Es ist nicht gleichgültig, ob ein Schulanfänger in einer kleinen Schule mit einem dem Kind bekannten Umfeld eingeschult wird oder in einem großen Schulsystem, das dem Kind auch vom Umfeld her unbekannt ist und aufgrund der Anonymität zunächst verwirrend wirkt. In der kleinen Schule verläuft das Eingewöhnen in der Regel schneller und problemloser. Klassengröße und Zusammensetzung der Klasse wirken sich ebenso aus wie die Ausstattung der Klassenräume und der Schule. Bei der Erstellung der Stundenpläne sollten pädagogische Überlegungen Vorrang gegenüber Sachzwängen haben. Entscheidender ist aber die Lehrerpersönlichkeit und ihre Einstellung zum Schulanfang und zum Schulanfänger. Unbestritten ist die Rolle des Klassenlehrers für den Schulanfänger. Der personale Bezug zwischen Lehrerkollegium einschließlich Schulleiter und Schulanfänger muß ebenso gestiftet werden, damit sie nicht „Fremde" bleiben in einer für den Schulanfänger zunächst ohnedies fremden Umwelt. Spranger forderte: „Wir müssen lernen, die Schule als ein Stück des Gesamtlebens zu betrachten, in dem Erwachsene mit Kindern leben, und zwar aus einem pädagogischen Geist heraus."

Es ist für die gesamte Schulzeit grundlegend, daß die Schulanfänger von Anbeginn zu ihren Lehrern und zu ihren Mitschülern, zum Leben in der Schule und zu ihren Anforderungen das richtige Verhältnis finden können. Das verlangt vom Schulanfänger eine beträchtliche Umstellung. Das verlangt von den Lehrkräften die Einstellung, physische und psychische Belastungen der Schulanfänger mindern zu wollen, damit sich die Kinder in dem neuen Lebenskreis wohlfühlen können und sich ihm freudig zuwenden wollen. Zum Wohlfühlen bedarf es eines Schulklimas, dessen interne Stimmigkeit auf der Grundlage eines gemeinsamen pädagogischen Konzeptes Schule als komplexes Gefüge positiv stabilisierend wirken läßt. Schulklima ist mehr als ein Stil oder eine Strategie, verstanden als ein System von Maßnahmen. Es wird bestimmt von einem umfassenden Konzept des erzieherischen und unterrichtlichen Handelns einer Schule und durch Vereinbarungen über ein zu gestaltendes Schulleben. Es wird getragen und kann dann überzeugend wirken durch die Einstellung der Lehrkräfte, Einstellung auch zum Schulanfang. Es genügt nicht festzustellen, daß Schulanfänger heute anders sind als vor 20 Jahren. Es genügt auch nicht zu wissen, daß es schon bei der Einschulung große Unterschiede von Kind zu Kind gibt, daß Fähigkeiten und Fertigkeiten uneinheitlich entwickelt sind und von unterschiedlichen Erfahrungen ausgegangen werden muß. Es muß das Wollen gegeben sein, durch zielstrebige Maßnahmen in den ersten Schulwochen möglichst auszugleichen und eine Lernausgangslage zu schaffen, die erfolgreiches Mitarbeiten in den Lehrgängen ermöglicht. Individuelle Lernerfahrung und Lernfähigkeit erfordern eine Eingewöhnungsphase, die auf schulisches Lernen vorbereitet.

Wilhelm Hansen schreibt bereits 1958 in „Reifen als pädagogisches Problem", WPB, S. 334: „Für den Unterricht ist damit ein länger andauernder, methodisch wohlerwogener Vorkurs gefordert, der nicht als Schonzeit, sondern als Glied des Bildungsverlaufes im Anfangsunterricht anzusehen ist. Er dient der allgemeinen geistigen Klärung und Förderung der inneren Ordnung der Kinder und fördert vor allem auch die sprachliche Entwicklung und Mengenauffassung, so daß für das Lernen beim Erstlesen und Erstrechnen ein Grund gelegt ist, der allen Kindern zugute kommt, auch denen, die positiv hervorstechen."

Nicht nur Hinwendung zu den schwachen Schülern, deren Schulfähigkeit in Frage steht, auch die anderen, besonders die begabten, stellen bei der nachgewiesenen Differenziertheit bei Schulbeginn berechtigte Ansprüche.

Johannes Wittmann schreibt u. a.: „Man wird keinen vernünftigen Grund angeben können, daß mit dem Lesen und Schreiben allgemein schon in den ersten Wochen, ja sogar schon in der ersten Woche des ersten Schuljahres begonnen werden muß. Oft hörte ich die verlegene Frage, was man denn anders treiben solle, wenn man nicht gleich mit dem Lesen und Schreiben und dazu auch gleich mit dem Rechnen beginnen dürfe."

In den ersten Wochen der Schulanfangsphase geht es darum, die unterschiedlichen Ausgangslagen der Kinder zu erkennen und zu berücksichtigen. Erfahrungen und Erlebnisse werden im Gespräch deutlich. Um Fertigkeiten und Fähigkeiten zu erkennen, bedarf es entsprechender Aufgaben und in der Regel längerer gezielter Beobachtung.

Eine wesentliche Aufgabe während der Schulanfangsphase ist die Förderung der Sprachbereitschaft und die Erweiterung der Sprachfähigkeit. Es müssen Situationen geschaffen werden, die Sprechanlaß bieten. Alle Fachbereiche tragen dazu bei. Begriffe bedürfen der Klärung und Ordnung, um sinnvoll angewendet zu werden. Satzmuster sind zu üben und zu erweitern, der aktive Wortschatz ist auszuweiten. Gesprächsformen lassen sich in Spielsituationen einüben, ebenso deutliches Artikulieren. Zuhören will ebenso gelernt sein wie Aufeinanderhören. Beides als aktives Tun begreifen ist zugleich auch ein Stück sozialen Lernens.

Die Bedeutung erziehenden Unterrichts während der Schulanfangsphase ist eminent wichtig. Richtiges Verhalten kann nicht grundsätzlich vorausgesetzt werden, vielmehr muß ein der jeweiligen Situation angemessenes Verhalten geübt werden. Der Lernanfänger muß den Raum, in dem Schule stattfindet, kennenlernen, er muß üben, sich darin zu orientieren; erst dann kann erwartet werden, daß der Raum Schule auch akzeptiert wird. Ist das schon Erziehung? Das soziale Umfeld, in dem sich Schule vollzieht, kennen- und akzeptieren lernen, ist ein erzieherischer Prozeß, der während der gesamten Schulzeit nicht aufhört. Die Art und Weise, wie während der Schulanfangsphase personale Bezüge gestiftet werden zwischen Lehrkraft und Schülern, zwischen Schülern untereinander, zwischen Schülern und Hausmeister, wirkt prägend. Deshalb ist es unverzichtbar, immer wieder Situationen zu schaffen, in denen das richtige Umgehen miteinander trainiert werden kann. Sicher ein schwieriges Stück Erziehung, bei dem es immer wieder gilt, neu anzusetzen, einen anderen Zugang zu suchen, neue Handlungsfelder zu eröffnen, sich nicht entmutigen zu lassen, Geduld zu bewahren und fröhlich zu bleiben. In diesem Zusammenhang darf das Vorbild, das die Erwachsenen in der Schule geben, nicht gering geschätzt werden. Gerade Lernanfänger beobachten sehr genau. Waren wir nicht alle schon betroffen, wenn wir erkennen mußten, daß unser Verhalten auf Kinder nachhaltiger wirkt als die Vermittlung von Wissen?

Kinder möchten pünktlich sein; sie hören häufig, zu häufig vielleicht: „Du darfst nicht zu spät kommen." Und was verbinden sie damit? Zeit und zeitliche Abläufe bestimmen den Unterrichtsvormittag mit. Wir müssen dem Lernanfänger diese zeitlichen Abläufe bewußt machen, damit er sie erkennen und für sich zuordnen kann. Das vermittelt Sicherheit und wirkt sich auf das Verhalten aus.

Etwas tun müssen, zu dem man gerade keine Lust hat, eine begonnene Aufgabe auch zu Ende führen oder pfleglich mit seinen Schulsachen umgehen, sind das Selbstverständlichkeiten? Die Einsicht in die Notwendigkeit muß während der Schulanfangsphase geweckt werden, auch das ist eine Voraussetzung für erfolgreiche Mitarbeit bei den Lehrgängen.

Im Klassenraum hat alles seinen Platz, damit es gefunden werden kann. Den muß ich kennen und mir merken, um es dorthin zurückbringen zu können.

Eine ganze Reihe solcher Vereinbarungen müssen getroffen und geübt werden, damit sie eingehalten werden können. Entlastend werden Vereinbarungen erst dann empfunden, wenn deren Notwendigkeit eingesehen wird. Deshalb ist es unverzichtbar, daß Lernanfänger Regeln erkennen, anerkennen, wiederholen und gegebenenfalls erweitern. Gleichbleibende Ordnungsansprüche sind ebenso Formen des Übens wie Umgang mit Materialien und entsprechenden Werkzeugen wie Knete, Stifte und Papier, Sport- und Spielgeräte. Richtigen Umgang mit Material und Werkzeug lernen legt Grund für das Beherrschen von Arbeitstechniken.

Die Schulanfangsphase – wie der Erstunterricht überhaupt – hat dem spontanen Bewegungsbedürfnis der Kinder Rechnung zu tragen. Ein starr eingehaltener 45 Minuten-Takt läuft einer pädagogisch sinnvoll gestalteten Schulanfangsphase zuwider. Vielmehr ist das Lerngeschehen so zu organisieren, daß ein Wechsel zwischen Arbeitsphasen und Entspannung dem Bedürfnis der Kinder anzupassen ist. Der Wechsel ist anfangs sicher häufiger vorzunehmen als nach der Eingewöhnungszeit. Auflockerungsphasen im Klassenraum sind ebenso vorbereitend zu planen wie Spielen und ein zweckmäßiges Nutzen der dritten Sportstunde als (verteilte) Bewegungszeit. Phasen der Entspannung und Bewegungszeit lassen sich durchaus als eine andere Form zielorientierten Lernens gestalten und helfen, die Lernfreude zu erhalten und die Lernbereitschaft zu steigern.

Verlauf der Elternabende

Für viele Eltern ist der Tag der Lernanfängeranmeldung die erste Gelegenheit seit ihrer eigenen Schulzeit, eine Schule wieder einmal „von innen" zu sehen. Immer weniger können wir bei dem Trend zu Ein-Kind-Familien auf Erfahrungen der Eltern mit Schule zurückgreifen. Wenn auch die eigene Schulzeit bei einer Anzahl von Eltern erst wenige Jahre zurückliegt, kann man nicht davon ausgehen, daß hier Kenntnisse und Verständnis mitgebracht werden, die dem heutigen Bild der Schule entsprechen.

Zudem sind sie geprägt vom eigenen, oft sogar negativen, Erleben als Schüler, wohingegen die Elternrolle für sie völlig neu ist.

Diese Situation erlaubt bei der Anmeldung der Kinder nur wenige oder keine konkreten Fragen zum Schulanfang. „Wir wollen erst einmal abwarten, was da auf uns zukommt", meinen nicht wenige Eltern.

Dennoch sind sie erfreut, wenn ihnen ein erster Elternabend für die Zeit noch vor den Osterferien angekündigt wird, für den der Schulleiter verantwortlich ist. Über die Thematik sollte man schon zu diesem Zeitpunkt die Eltern nicht im Ungewissen lassen, wenn man sich auch kurz fassen kann.

Empfehlenswert ist es, daß dieser allererste Elternabend in der für die Eltern gewohnten Umgebung des Kindergartens stattfindet, denn im Kreise bekannter Gesichter und in vertrauten Räumen läßt sich Neues, vielleicht auch Verunsicherndes, leichter aufnehmen.

Der Schulleiter sollte also rechtzeitig mit der Leiterin des Kindergartens einen Termin vereinbaren, zu dem die Erzieherin die betreffenden Eltern zu einem Elternabend einlädt. Erster aber nicht einziger Punkt der Tagesordnung sollte dabei ein Kurzreferat des Schulleiters mit dem Thema „Wie groß ist der Schritt vom Kindergarten zur Schule?" sein. Eine Aussprache wird sich anschließen. Entsprechend den Vorerfahrungen, die Eltern mit Schule gemacht haben, betreten sie Mitte bis Ende März den Kindergarten. Sie begrüßen freundlich die Erzieherin, plaudern kurz über die letzten Vorkommnisse, begrüßen auch die Leiterin, die wegen des Gastes aus der Schule auch anwesend ist, nicken höflich grüßend dem Schulleiter zu und suchen sich einen Platz möglichst etwas entfernt vom Geschehen.

Daß Schulleiter und Erzieherin sich kennen, miteinander sprechen, ist die erste Beobachtung, die mit Interesse gemacht wird. So neu kann das Neue dann doch gar nicht sein. Der Schulleiter wird den Eltern kurz vorgestellt oder tut es selbst, und dann folgt eine mehr oder weniger lange Zeitspanne, in der das berühmte Fallen einer Stecknadel zu hören wäre, da alle den Ausführungen des Schulleiters lauschen.

Er könnte damit beginnen, daß er beim Sich-Umschauen im Kindergarten vieles entdeckt hat, was es auch in der Schule gibt oder was sich die Schule schon seit langem wünscht. Die Gestaltung der Räume ähnelt der eines Klassenzimmers für Erstkläßler; Kinderarbeiten an den Wänden oder von der Decke hängend, beklebte oder bemalte Fensterscheiben, Spiel- und Ruhezonen, Gruppentische und vieles mehr.

Die Eltern merken, daß hier jemand zu ihnen spricht, der das Ihrem Kind Vertraute bejaht und unterstützt, nicht etwa nach dem Motto abtut: „Alles gut und schön, aber bei uns ist dafür kein Platz, bei uns wird gelernt." Natürlich ist es die vornehmste Pflicht der Schule, die Schüler das Lernen zu lehren. Das entspricht auch der Erwartenshaltung der Eltern.

Bis zum 6. Lebensjahr war das Spiel vorrangig oder hätte es zumindest sein sollen. Mit Gleichaltrigen umgehen, Regeln beherrschen und einhalten, sich einordnen und abwarten können, dennoch eigene Bedürfnisse artikulieren – all diese und andere Tätigkeiten und Fähigkeiten waren bisher bedeutsam für das Leben des Kindes im Kindergarten. Sie werden bedeutsam bleiben. Ihnen werden aber gleichbedeutend zugeordnet Fähigkeiten wie: eine Sache bis zu Ende durchführen, eine Arbeitsanweisung, die für alle gegeben wird, befolgen, eine Aufgabe übernehmen, auch wenn sie nicht dem augenblicklichen persönlichen Wunsch entspricht, aus Erfolg oder Mißerfolg Schlüsse für die weitere Arbeit ziehen. Es ließen sich noch viele weitere Fähigkeiten aufzählen. Als Beispiel, um einige Unterschiede zwischen Kindergarten und Schule klarzumachen, mögen diese genügen.

Die sich anschließenden Fragen der Eltern sind vorrangig auf das eigene Kind bezogen. Äußerungen wie „Mein Kind möchte aber . . ." oder „Kann mein Kind . . ." zeigen einerseits die eigene Betroffenheit der Eltern, machen andererseits aber schon zu diesem Zeitpunkt deutlich, worin Unstimmigkeiten zwischen Schule und Elternhaus liegen können.

Die Eltern sehen nur das eigene Kind, einige Verwandte und die Spielkameraden. Lehrer erleben im Laufe ihres Berufslebens viele Lernanfänger und haben demzufolge eine Einstellung, die von Eltern mitunter fast schon als Desinteresse interpretiert wird. „Warum engagiert der Lehrer sich nicht mehr?" – „Warum greift er nicht ein?" Es dauert lange, bis Eltern erfahren, daß er es tatsächlich tut, allerdings nicht so sichtbar, wie sie es sich gewünscht hätten, sondern vielmehr in einer Form, die seiner Erfahrung und seiner Aufgabe entspricht.

Außer einem Vergleich der äußeren Form und der Aufgabe von Kindergarten und Schule ist die Schulwegfrage anzusprechen. Die Eltern müssen darauf aufmerksam gemacht werden, daß ein neuer Weg auch neue Gefahren für die Kinder mit sich bringt, und daß sie deshalb schon frühzeitig mit dem Schulwegtraining beginnen sollten. Manche Schulen haben Schulwegpläne erstellt, die den Eltern ausgehändigt werden können.

Durch diese neue Aufgabe, die an das Elternhaus gestellt wird, lassen sich erste Kontakte zwischen Eltern knüpfen, insofern, als sich bei der Besprechung des sichersten Schulweges oft herausstellt, daß in der unmittelbaren Nachbarschaft ebenfalls Lernanfänger wohnen, die man bislang noch gar nicht gekannt hat.

Dasselbe geschieht in den Einzugsbereichen, in denen ein Schülertransport notwendig ist. Natürlich müssen die Eltern auch über diese Modalitäten hinreichend informiert werden.

Ein dritter, nicht unwesentlicher Punkt des ersten Elternabends sollte das Aufzeigen des veränderten Tagesablaufs nach Schulbeginn sein. Es gibt Kindergärten, die ihre Kinder erst gegen 9.00 Uhr erwarten, weil dann die gemeinsamen Aktivitäten beginnen. Der Stundenplan der Grundschule macht es aber erforderlich, daß Erstkläßler unter Umständen schon um 8.00 Uhr in der Schule sein müssen. Eltern müssen demnach in den Monaten vor der Einschulung gegebenenfalls das frühzeitige Aufstehen üben lassen. Wenn der Wecker erst nach dem Tag der Einschulung so früh klingelt, können Probleme entstehen, bis hin zur Ablehnung der Schule überhaupt.

Eltern scheint es zunächst eine Überforderung zu sein, daß Lernanfänger schon zu Beginn der Schulzeit 4 Stunden Unterricht haben können. Eine grobe Strukturierung eines Schulvormittags wäre angezeigt, um deutlich zu machen, daß Arbeitszeit und Spiel- bzw. Bewegungszeit ausgewogen miteinander verknüpft sind.

Es wäre auch hilfreich, die Eltern daraufhinzuweisen, daß in den ersten Wochen am Nachmittag der Wunsch nach einer Ruhezeit wieder auftreten kann, und daß dieser Wunsch keinerlei Anlaß zur Besorgnis geben muß. Eher sollten die Eltern sich fragen, in welcher Form sie in Zukunft die Gestaltung des Nachmittages planen wollen. Die Anforderungen der Schule werden das Kind nicht über Gebühr belasten, wenn ein Ausgleich geschaffen wird, der für Entspannung und Bewegung sorgt. Zusätzliche nachmittägliche Pflichtübungen, die an die Kinder herangetragen werden, weil das heute dazugehört, können hingegen zu Überanstrengung führen und in der Folge zu Lustlosigkeit.

Die Notwendigkeit eines fest geplanten Tageslaufes, dessen Regelmäßigkeit beruhigend und stabilisierend auf das Kind wirkt, weil es sich frühzeitig auf immer wiederkehrende Ereignisse einstellen kann, sollte den Eltern in aller Deutlichkeit aufgezeigt werden, weil sie damit ihrem Kind die bestmögliche Hilfe für den neuen Lebensabschnitt geben können.

Auch wenn diese drei Punkte umfangreich erscheinen, sollte das Kurzreferat nicht länger als 20–30 Minuten dauern, um eine anschließende Aussprache zu ermöglichen. Es besteht allerdings auch die Möglichkeit, im Anschluß zu jedem einzelnen Punkt Fragen zuzulassen.

Der zweite Teil dieses Elternabends findet ohne den Schulleiter statt und hat, wie gewohnt, die Arbeit im Kindergarten zum Thema. Gehören zu einem Schuleinzugsbereich zwei oder mehr Kindergärten, dann muß dieser Abend in den anderen Einrichtungen so oder in ähnlicher Form wiederholt werden.

Da es auch künftige Lernanfänger gibt, die keine vorschulische Einrichtung besucht haben, muß überprüft werden, ob die Zahl so groß ist, daß deren Eltern zu einem Informationsabend in die Schule eingeladen werden.

Der zweite Elternabend vor der Einschulung findet nach den Osterferien in der Schule statt. Der Schulleiter lädt die Eltern aller zukünftigen Lernanfänger ein.

Vor dem Zeitpunkt dieses Elternabends muß jedoch feststehen, welche Kolleginnen oder Kollegen die zukünftigen 1. Schuljahre übernehmen werden. Es wäre wünschenswert, daß an allen Schulen schon ab März oder April eine entsprechende Planung möglich ist. Gerade die Übernahme eines 1. Schuljahres erfordert vom Lehrer eine Vielzahl an Vorbereitungen, für die eine angemessene Zeitspanne erforderlich ist. Allein die Zusammenstellung an Arbeits- und Spielmaterial und die Beschaffung der Dinge zur Klassenraumgestaltung nehmen oft Wochen in Anspruch, da viele Schulen noch nicht entsprechend ausgestattet sind. Zudem bedarf es gerade zu Beginn des Erstunterrichts einer besonders intensiven Vorbereitungsphase für den Lehrer, da die ersten Erfahrungen der Schüler oft entscheidend für die gesamte Schullaufbahn sind. Der Lehrer kann demnach nur eingeschränkt Versuche unternehmen, die nicht unbedingt erfolgversprechend sind. Auch die Problematik der psychischen Einstellung auf Sechsjährige darf nicht unterschätzt werden. Ein Sich-allmählich-vertraut-machen mit der zukünftigen Aufgabe ist sicher leichter als eine unverhoffte Übernahme.

Die Tagesordnung könnte folgende Punkte beinhalten:

1. Allgemeine Informationen über die Schule
2. Vorstellung der Klassenlehrer
3. Klassenverteilung
4. Gestaltung des 1. Schultages
5. Ausgabe und Besprechung der Schulbuchliste
6. Vorstellen des Arbeitsmaterials
7. Inhalte und Gestaltung der Schulanfangsphase.

Nachdem die Eltern in der Pausenhalle oder im Forum begrüßt worden sind, gibt der Schulleiter zunächst einen kurzen Einblick in den organisatorischen Bereich der Schule.

Die Eltern erfahren, wieviele Schüler die Schule besuchen und von wieviel Lehrern diese unterrichtet werden. Sie erhalten Einblick in den Schuleinzugsbereich und in die Unterrichtsversorgung für das kommende Schuljahr. Wenn auch der Stundenplan noch nicht vorliegt, so kann doch schon über die Anzahl der Wochenstunden und die Inhalte der einzelnen Fächer etwas gesagt werden, ohne daß den Ausführungen der Klassenlehrer hiermit etwas vorweggenommen wird.

Danach werden die Eltern über die Aufgaben und Ziele der Grundschule informiert.

Daß die Schule nicht allein für den Unterricht, sondern im Zusammenhang damit für die Erziehung der Kinder verantwortlich ist, macht deutlich, daß Kontakte und Absprachen zwischen Schule und Elternhaus unbedingt erforderlich sind, um die Kinder vor zu unterschiedlichen Ansprüchen und Zielsetzungen zu bewahren.

Die Schule knüpft in ihren Anforderungen und in ihrer Arbeitsweise an die vorschulischen Erfahrungen der Kinder an und führt sie erst allmählich zu den spezifischen Formen des Lernens in den Fächern der Grundschule. Das bedeutet, daß zielgerichtete Arbeitsweisen sich abwechseln mit spielerischen Formen, daß es lehrerzentrierte Unterrichtsphasen ebenso geben wird wie Zeiten, in denen der Lehrer sich ganz zurücknimmt, um zu beobachten, wie die Schüler selbsttätig und phantasievoll an eine Aufgabe herangehen.

Da aber nicht alle Schüler mit denselben Vorerfahrungen und den gleichen Lernvoraussetzungen in die Schule kommen, besteht die Zielsetzung des Unterrichts während der ersten Schulwochen darin, so zu arbeiten, daß eventuelle Entwicklungs- und Lernrückstände angeglichen werden können, um bis zum Beginn der Lehrgänge und für alle eine positive Lernausgangslage geschaffen zu haben. Erst dann kann das schulische Lernen im eigentlichen Sinn beginnen, obwohl manche Eltern es schon am ersten Tag erwarten.

Der Tag der Einschulung ist für den Schüler gleichzusetzen mit dem Eintritt in eine neue soziale Umwelt, in die er sich erst einleben muß, um gefestigt den späteren Ansprüchen des Unterrichts genügen zu können.

Der Schüler braucht Zeit und viele Gelegenheiten, um seine neue Umwelt zu erleben und zu erfahren. Er muß seine Rolle in der Klasse finden, er muß Kontakte zu den bisher unbekannten Erwachsenen knüpfen, er muß sich räumlich neu orientieren, seine Klasse, Fachräume wie Turnhalle oder Musikraum finden und auch täglich neu erleben, wo seine persönlichen Dinge wie Garderobe und Arbeitsmaterial ihren Platz haben.

All das erfordert vom Schüler eine Menge Konzentration, Merkfähigkeit, Einordnungsvermögen, Toleranz und Ordnungssinn, so daß er in seinem neuen Erleben vielleicht völlig andere Schwerpunkte setzt als Elternhaus oder Schule es erwarten.

Unter diesem Aspekt ist eine vorschnelle Beurteilung eines Lernanfängers strikt abzulehnen. Vielmehr muß er eine Eingangsphase durchleben können, die ihm Sicherheit und Erfolge vermittelt, um ihn zu stabilisieren und seine Lernbereitschaft zu wecken. Erst eine positive Einstellung zur Schule gewährleistet persönlichen Einsatz und Freude am Lernen.

Zu einer solchen Einstellung trägt wesentlich das Schulleben bei, mit dessen Schwerpunkten die Eltern auch bekanntgemacht werden sollten.

Fragen von allgemeinem Interesse, die Eltern im Anschluß an diese Ausführungen stellen, müssen noch beantwortet werden.

Individuelle Probleme kann man in die Klassenveranstaltungen weitergeben.

Punkt 2 der Tagesordnung kündigt die Vorstellung der Klassenlehrer an. Im Plenum geschieht dies allerdings nur durch Namensnennung und grüßende Geste seitens des Lehrers.

Möchte er mehr zu seiner Person sagen, so sollte er das im Kreise seiner Klassenelternschaft im weiteren Verlauf des Abends tun.

Sodann folgt der für die Eltern so wichtige Punkt der Klassenverteilung. Vorab sollten ihnen aber die Gesichtspunkte vor Augen geführt werden, die zu der im Anschluß bekanntgegebenen Klassenzusammensetzung geführt haben. Sie werden sich dann in ihren Wünschen nicht einfach übergangen fühlen, werden eine so gefällte Entscheidung eher respektieren, zumal sie gar nicht wissen können, wie kompliziert die Lösung dieser Aufgabe in Wirklichkeit ist, und damit akzeptieren, was von der Schule entschieden worden ist.

Wichtig ist die Entscheidung nach bestem Wissen und Gewissen, so daß der Schule eine willkürliche Handlung von den Eltern nicht unterstellt werden kann.

Ein solches Miteinander-Umgehen in aller Offenheit ist eine wichtige Voraussetzung für Schulklima, da es Vertrauen und Verständnis schafft.

Folgende Fakten könnten aufgezeigt werden:

Schon bei der Anmeldung konnten die Eltern den Wunsch äußern, das Kind gemeinsam mit dem Freund Jens oder der Freundin Kathrin in eine Klasse zu geben. Hin und wieder wird auch der gegenteilige Wunsch kundgetan:

„Bitte nicht mit Thorsten in eine Klasse, wir streiten uns mit den Eltern." Daß Eltern auch Vorstellungen von der Lehrerin oder dem Lehrer haben, kommt vor: „Mein Kind soll aber nicht zu Frau X in die Klasse." – „Wenn Frau Y ein 1. Schuljahr bekommt, soll mein Kind zu ihr. Unsere große Tochter ist auch schon gern zu ihr in den Unterricht gegangen."

Elternwünsche werden notiert, gleichzeitig aber mit dem Hinweis versehen, daß nicht alles machbar sein wird.

Auch die vorschulischen Einrichtungen sind nach ihren Erfahrungen befragt worden und haben vielleicht Gruppen zusammengestellt, die nach ihrer Meinung zusammenbleiben sollten. Sie haben auch Bedenken geäußert, wenn sie negative Beobachtungen bei Kindern gemacht haben. Diese Hilfen werden bei der Klassenverteilung besonders bedacht werden müssen.

Manchmal wird argumentiert, daß Kinder, die einen gemeinsamen Schulweg haben, auch in eine Klasse gehen sollten. Das mag in Einzelfällen stimmen. In vielen Fällen ergeben sich aus der Aufteilung nach Wohngebieten aber Probleme, da die soziale Struktur bewirkt, daß auf diese Weise in der einen Klasse vornehmlich Kinder aus sozial schwachen Familien sitzen, während die Kinder aus der Mittel- oder Oberschicht in der anderen Klasse versammelt sind. Demzufolge muß bei der Aufteilung hierauf ein besonderes Augenmerk gerichtet werden.

Ein weiterer Gesichtspunkt ist die Konfessionszugehörigkeit der Schüler. Um eine sinnvolle Stundenplangestaltung vornehmen zu können, muß vorab bedacht werden, ob und wie die Religionsstunden der beiden Konfessionen gekoppelt werden können. Davon hängt dann ab, wie groß die Zahl der evangelischen und katholischen Schüler pro Klasse sein darf.

Weiter zu bedenken sind die ausländischen Schüler. Verteilt man sie auf alle Klassen, sind sie isoliert. Läßt man sie zusammen, ist der Prozentsatz der ausländischen Schüler in der jeweiligen Klasse unverhältnismäßig hoch.

Wenn dann der muttersprachliche Unterricht auch noch am Vormittag stattfinden soll, muß man schon sehr geschickt bei der Verteilung vorgehen.

Schließlich gibt es nicht wenige Schulen, in denen ein Bustransport für auswärtige Schüler notwendig ist. Da die Busse nicht immer zur Verfügung stehen, sondern oftmals nur im Linienverkehr fahren, müssen die Fahrschüler so zusammengefaßt werden, daß die Gestaltung des Stundenplans in der Form möglich ist, daß für diese Schüler keine Wartezeiten vor oder nach dem Unterricht entstehen.

Der Prozentanteil der Jungen und Mädchen unter den Lernanfängern ändert sich jedes Jahr. Bei der Zusammensetzung soll auch hier ein ausgewogenes Verhältnis bedacht werden.

Und nicht zuletzt sind die Wiederholer und Kinder, die im vergangenen Jahr zurückgestellt waren, gerecht auf die Klassen zu verteilen.

Im Anschluß an diese Ausführungen werden die Namen der Schüler, nach Klassen unterteilt, vorgelesen.

Damit ist der Schulleiter von seiner Pflicht entbunden, denn jetzt gehen alle Eltern mit dem jeweils für sie zuständigen Klassenlehrer in den zukünftigen Klassenraum ihres Kindes.

Dort findet der zweite Teil des Elternabends statt, dessen Inhalte von den Kolleginnen und Kollegen sowie dem Schulleiter vorab gemeinsam festgelegt worden sind. Die Namenskärtchen, die später auf den Plätzen der Kinder stehen werden, können jetzt schon ausgegeben werden und dienen dem schnelleren Kennenlernen untereinander.

Zunächst wird es darum gehen, den 1. Schultag gemeinsam zu planen oder, genauer gesagt, über den 1. Schultag zu sprechen, da er einen organisatorischen Rahmen hat, der nicht einfach übergangen werden kann.

Der zeitliche Ablauf wird bestimmt vom Beginn und der Dauer der Gottesdienste. Diesbezüglich hat der Schulleiter schon mit den Pastoren bzw. Pfarrern die Termine abgesprochen. Vielerorts ist es üblich, daß Kinder, Eltern, Paten und Verwandte im Anschluß an den Gottesdienst in einem langen Zug den Weg zur Schule zurücklegen. Manchmal soll auch eine neue Form ausprobiert werden, und dazu muß die Meinung der Eltern gehört und unter Umständen auch respektiert werden. Eine Idee, die von Seiten der Schule besticht, muß noch lange nicht traditionsbewußte Eltern begeistern.

Der Beginn der Einschulungsfeier richtet sich also nach dem Gesprächsergebnis zwischen Schulleiter und Pastor bzw. Pfarrer. Auch die Kinder, die nicht am Gottesdienst teilnehmen, müssen dabei bedacht werden.

Zum Tag der Einschulung gehören selbstverständlich der neue Ranzen und die

Zuckertüte. Daß der Ranzen auf dem Rücken getragen wird, versteht sich von selbst. Schließlich ist er das Statussymbol des Schulkindes. Ob er aber am ersten Schultag schon mit allen Schulsachen gefüllt sein muß, scheint fraglich. Es ist also mit den Eltern abzuklären, was wirklich an diesem Tag gebraucht wird und wann die anderen Schulsachen mitgebracht werden sollen.

Fast scheint es so, als ob die Zuckertüte für die Eltern wichtiger ist als für die Kinder. Groß muß sie sein, bunt anzusehen und in einem Maße gefüllt, daß ein Sechsjähriger sie kaum allein zu tragen vermag. Schließlich gehört sie als wesentlicher Bestandteil auf das Foto vom ersten Schultag.

Objektiv betrachtet ist sie ein lästiges Anhängsel. In der Kirche hat sie keinen Platz, der Weg zur Schule ist weit, die Tüte wird schwer und schwerer. In der Schule kann man kaum stillsitzen bei der Begrüßung, aber die Tüte muß umklammert werden. In der Klasse ist es ohnehin eng bei den vielen Besuchern, und in die Tüte hineingucken darf man häufig auch nicht, weil die Schleife später nicht mehr fotogen ist.

Beim Elternabend könnte der Lehrer den Eltern folgenden Vorschlag machen. Die Zuckertüten werden von den Eltern mit Namen und Klasse des Kindes versehen und ein bis zwei Tage vor der Einschulung in die Schule gebracht. Die Kinder sehen sie dann erstmalig, wenn sie in ihre Klasse kommen, können schon erste Leseübungen mit den Namenskärtchen machen, freuen sich unbeschwert über die Überraschung, und die Möglichkeit für das Foto ist immer noch gegeben.

Nach der Begrüßung und einer Ansprache durch den Schulleiter erfreuen meistens ältere Schülerinnen und Schüler die Anfänger mit einem Theaterstück oder einer musikalischen Darbietung.

Dann folgen Kinder und Eltern dem Klassenlehrer in den Klassenraum. Hierbei kann man sich auf das Gedächtnis der Eltern verlassen, die den Lehrer ja schon kennen oder aber man ruft jedes einzelne Kind auf, läßt es nach vorn kommen und von der Lehrerin begrüßen. Dabei wird dem Kind sein Namenskärtchen umgehängt. Dieses dient ihm zum Finden der mit Namen versehenen Zuckertüte und auch der Lehrerin beim Sitzkreis, damit sie die Kinder gleich mit dem richtigen Namen ansprechen kann.

Der zweite Vorschlag gibt dem Kind das Bewußtsein „Ich bin hier begrüßt und aufgenommen worden. Ich bin ein Individuum und nicht ein Teil einer Menge, ein Mitläufer". Wenn dann alle Kinder einen Platz im Klassenraum gefunden haben, verlassen die Eltern für etwa eine Stunde den Raum. Erste Äußerungen der Schüler sind dann meistens: „Oh, ist das ruhig hier." Diese Empfindung sollte man bewußt etwas länger wirken lassen. Man kann in späteren Wochen, wenn die allgemeine Arbeitsunruhe eintritt, erfolgreich auf diesen Augenblick zurückverweisen.

Der erste Schultag endet vielleicht damit, daß die Eltern wieder den Raum betreten und sich das erste gemeinsam gesungene Lied anhören oder sogar mitsingen.

Wenn diese Einzelheiten schon beim Elternabend besprochen werden, bauen sich bei den Eltern Spannungen ab oder gar nicht erst auf, da sie wissen, was auf sie zukommt.

Lehrer erwarten oft, daß Eltern etwas als selbstverständlich ansehen, was ihnen aber aufgrund ihrer anderen Erfahrungswelt gar nicht möglich ist. Im täglichen Umgang mit der Schule hat der Lehrer eine Denkweise angenommen, die Eltern fremd ist. Immer wieder muß er sich klar machen, daß Dinge angesprochen werden müssen, die im Umgang mit Kollegen längst kein Thema mehr sind.

53

Das gilt auch für den nächsten Punkt, die Vorstellung der Schulbücher. Immer wieder entsteht Ärger, wenn Eltern, in guter Absicht, zu Hause geholfen haben, aber nicht der Vorstellung der Schule entsprechend. Die Anschaffung der Schulbücher obliegt in einigen Bundesländern den Eltern, der Umgang damit den Schülern. Wie aber sollen Eltern eingreifen, wenn die Kommunikation zwischen Lehrer und Schüler nicht funktioniert und dieser zu Hause Unzutreffendes berichtet oder gar nichts zu berichten weiß?

Anhand der Bücher kann den Eltern erklärt werden, in welcher Form zu welchem Zeitpunkt und mit welcher Zielsetzung gearbeitet wird. Manche Bücher bleiben in der Schule in schülereigenen Fächern, in manchen darf man mit Bleistift arbeiten, manche sind nur zum Lesen oder Nachlesen da.

Manches Eltern-Kind-Gespräch, das mit Tränen oder Geschimpf enden würde, kann dadurch vermieden werden.

Vielleicht ist dieser Elternabend auch der einzige Zeitpunkt, zu dem manche Eltern in ein Schulbuch ihres Kindes gucken. Um so mehr muß diese Situation dann genutzt werden.

Gleichzeitig mit der Schulbuchliste erhalten die Eltern auch die Materialliste, die mitunter sehr umfangreich ist, aber nicht detailliert genug. Es empfiehlt sich, alle Materialien bereitzuhalten, um den Eltern durch Beispiele zu verdeutlichen, welchen Anforderungen diese Dinge im Unterricht genügen sollen.

Der Handel hält ein Angebot von Wachsmalern bereit, das sicher ein Dutzend übersteigt. Da bei weitem nicht alle Stifte in gleicher Weise tauglich sind, müssen den Eltern schon Kriterien genannt werden, die sie beim Kauf beachten sollten, ohne daß der Lehrer damit verbotene Werbung betreibt.

Wie schwer haben es manche Kinder mit einer ungeeigneten Schere. Viele Eltern wissen noch immer nicht, daß es auch Scheren für Linkshänder gibt. Auch die Vielzahl von Klebstoffen verwirrt beim Einkauf. Ob Stift, Flasche, Tube sollte den Eltern vorgegeben werden, wobei das Fabrikat keine Rolle spielen muß.

Im Unterricht wird nicht nur käufliches Material eingesetzt. Zum Basteln und Herstellen von Arbeitsmaterialien entsteht ständig Bedarf an Verpackungsmaterialien, der von den Eltern gedeckt werden kann, wenn sie frühzeitig darüber informiert worden sind.

Vom Lehrer gefertigte Bastelarbeiten, die die Kinder später nachvollziehen sollen, werden ausgestellt, lockern die Atmosphäre und regen zum Sammeln an.

Stoff- und Wollreste, Papprollen, Bierdeckel, Korken, Kronkorken, Schachteln, Dosen, Kataloge, Eierkartons und vieles mehr werden sich später in der Klasse ansammeln und verbraucht werden.

Damit der Elternabend nicht allein in der Hand des Lehrers liegt, sollte den Eltern zwischendurch ausreichend Gelegenheit gegeben werden, Fragen zu stellen oder eigene Erfahrungen und Ideen einzubringen.

Sowohl die Vorstellung der Bücher als auch die Besprechung der benötigten Materialien geschieht im Zusammenhang mit der Unterrichtsgestaltung während der ersten Wochen. So erfahren die Eltern gleichzeitig etwas über die Ziele und Inhalte der Anfangsphase. Die Passivität und eine abwartende Haltung werden allmählich von Neugier und Spannung abgelöst.

Der dritte Elternabend, der der Phase des Schulbeginns zugeordnet werden muß, kann jetzt schon angekündigt werden. Er wird etwa 4 Wochen nach Schulbeginn stattfinden (auch wegen des Wahltermins) und 3 Schwerpunkte haben; einmal die Wahl der Elternvertreter, zum anderen den Erfahrungsaustausch zwischen Eltern

54

und Lehrer über die ersten Schulwochen und die Vorausschau auf die Arbeit in den Lehrgängen. Der Klassenlehrer lädt, unter Beachtung der 10tägigen Ladungsfrist, dazu schriftlich ein. Der Erhalt der Einladung wird von den Eltern durch Unterschrift auf dem Revers bestätigt.

Nach etwa 4 Schulwochen haben die Eltern Kontakte miteinander aufgenommen, bedingt durch gemeinsame Schulwege oder durch das Warten am Schultor. Sie haben untereinander Erfahrungen und erste Eindrücke ausgetauscht und vereinzelt auch das Gespräch mit dem Lehrer gesucht. Diese Vorbedingungen erleichtern die Wahl der Elternvertreter und machen manchem Elternteil Mut, sich zur Wahl zu stellen.

An diesem Abend könnten der Schulelternratsvorsitzende und sein Vertreter aktiv werden, indem sie zu Beginn der Versammlung die Eltern über die Aufgaben der Elternvertreter sowie den zeitlichen Aufwand, der damit verbunden ist, informieren. Ein solcher Verlauf verhindert die mißliche Situation, daß niemand bereit ist zu kandidieren aus Furcht vor dem Ungewissen, und daß schließlich irgendjemand überredet wird mit den Worten „Ist ja gar nicht schlimm, nur zweimal im Jahr einen Elternabend einberufen, sonst fällt eigentlich nichts an".

Es ist nicht verwunderlich, wenn so gewählte Elternvertreter diesen Zuspruch beherzigen. Nur klagen dann später die Klassenlehrer über ihren ach so passiven Elternrat. Daß aktive Elternmitarbeit Zeit, Bereitschaft, manchmal Mühe kostet und zuweilen sogar Ärger bringt, darf nicht verschwiegen werden. Nur mit Offenheit werden wir die Eltern in ihre neue Aufgabe erfolgreich einführen können.

Der zweite Tagesordnungspunkt erfordert vom Lehrer ein hohes Maß an Fähigkeit zur Gesprächsführung, um daraus nicht ein Kreuzfeuer der Kritik werden zu lassen. Trotz ausführlicher Einführung in die Arbeit der ersten Wochen kann nicht ausgeschlossen werden, daß Eltern in dieser Zeit Beobachtungen gemacht haben, die Ärger und Zorn auf die Schule zur Folge hatten. Der fröhlichen Einschulung folgten vielleicht Tage und Wochen, in denen das eine Kind auffällige Appetitlosigkeit zeigte. Es klagte über Bauchweh, weinte zuweilen und mochte nach kurzer Zeit morgens schon gar nicht mehr aufstehen.

Ein anderes Kind wollte mittags nach der Schule nur noch schlafen. Es mochte nichts essen, nichts erzählen, träumte schon im Wachzustand. Es schien total überfordert.

Ein drittes Kind wiederum fand Schule „doof", weil es noch immer nicht lesen und schreiben konnte, stattdessen aber spielen und basteln mußte, wovon es sich doch nach Abschluß der Kindergartenzeit befreit gefühlt hatte. Was hat die Schule nur aus den Kindern gemacht?

Ist mit solchen Reaktionen der Eltern zu rechnen, Einzelgespräche oder auch Äußerungen der Kinder haben das vielleicht schon angedeutet, empfiehlt sich ein Einstieg mit praktischem Tun, denn am konkreten Beispiel läßt sich manches erklären, was sich andernfalls in verbalen Unmutsäußerungen erschöpft hätte.

Für die weitere Unterrichtsplanung ist es sehr wichtig, inwieweit schulische und häusliche Beobachtungen übereinstimmen oder voneinander abweichen. Ebenso bedeutsam ist aber die Interpretation dieser Beobachtungen. Eltern haben die Entwicklung des Kindes 6 Jahre lang verfolgen können, der Lehrer erlebt es in dieser Zeit zum ersten Mal. Das Mitempfinden der Eltern an Freudigem und Bedrückendem ist demnach intensiver und persönlicher. Folglich müssen sie sich zum Anwalt ihres Kindes machen und lassen sich kaum mit der Antwort zufriedenstellen: „Warten Sie ab, es gibt sich in den nächsten Wochen." Für die Eltern ist nur der Augenblick entscheidend, und jetzt brauchen sie Unterstützung, eine plausible Erklärung oder wenigstens vom Lehrer ein Zeichen der Bereitschaft, über die Sache nachzudenken und gegebenenfalls Abhilfe zu schaffen.

Zum Zeitpunkt dieses Elternabends geht der Vorkurs seinem Ende entgegen. Der Unterricht findet, nach eventueller Teilung der Klassen, wieder im Klassenverband statt. Die ersten Einträge in die Schülerbeobachtungsbögen machen deutlich, daß die Vorbereitungen der Lehrgänge nun als abgeschlossen gelten können. Schüler, bei denen sich eine Schulreife nicht feststellen ließ, wurden zurückgestellt und besuchen einen Schulkindergarten oder eine ähnliche Einrichtung.

Nun ist es an der Zeit, die Eltern mit der neuen und eigentlichen Arbeitsweise der Schule vertraut zu machen.

Sie erfahren etwas über Verfahren wie Partner- und Gruppenarbeit, hören von der Zielsetzung der Hausaufgaben und werden darüber informiert, wie sie in Büchern und Heften erkennen können, ob ihr Kind regelmäßig mitarbeitet.

Besser als theoretische Ausführungen bezüglich der Unterrichtsinhalte und -verfahren ist das Angebot an die Eltern, nach Voranmeldung am Unterricht teilzunehmen.

So erfahren sie, wie die Kinder, die Einführung eines neuen Lernschrittes, erkennen das Anspruchsniveau des Lehrers und können, durch Vergleich mit Mitschülern, das Verhalten und die Lern- und Leistungsbereitschaft ihres eigenen Kindes beobachten.

Besonders wichtig ist die Darstellung der Zielsetzung der Lehrgänge in einem überschaubaren Zeitraum; bis Weihnachten bietet sich an, damit die Eltern ihre eigenen Anforderungen darauf abstimmen können.

Es hat sich bewährt, in einem Elternbrief zu Beginn der Weihnachts-, Oster- und Sommerferien aufzuzeigen, wie etwa der Lernstand der Klasse zu diesem Zeitpunkt ist.

Gut gemeint sind sicher Ratschläge zum häuslichen Üben, nur leider werden sie oft grundlegend mißverstanden. Es ist besser, konkrete Hilfen in Einzelfällen zu geben, als pauschale Aussagen zu machen. Unterrichtsbesuche, wie oben beschrieben, sind stattdessen hilfreich.

Nach diesem dritten Elternabend wird dem Lehrer Entlastung erteilt. Normalerweise wird in Zukunft der Vorsitzende der Klassenelternschaft die Elternabende einberufen, wenn auch nach Absprache mit dem Klassenlehrer.

Die Eltern, die das vielschichtige Informationsangebot nutzten, müssen die Schule nicht mehr als fremde Institution ansehen, in der ihr Kind vormittags betreut wird. Sie können sich einbezogen wissen und scheuen sich dann weniger, bei Unstimmigkeit oder Ratlosigkeit in die Schule zu kommen.

Stetige Aufgabe eines Lehrers aber sollte es auch sein, den Kontakt zu den Eltern der Schüler seiner Klasse so aufrecht zu erhalten, daß die Schultür selbstverständlich auch für Eltern geöffnet ist.

Lernumwelt gestalten

Die Umwelt, in der unsere Kinder leben, hat sich grundlegend verändert. In Ballungsräumen in stärkerem Maße als in ländlich strukturierten Gebieten.

Generalisierend könnte der kritisch besorgte Beobachter feststellen: Kinder müssen heute in viel stärkerem Maße wie Erwachsene leben als vor etwa 30 Jahren und früher, ohne diesen Anforderungen gewachsen zu sein.

Mit dieser Feststellung wollen wir bewußt provozieren.

Viele Kinder sind heute in starkem Maße zeitlichen Zwängen ausgesetzt, die häufig dem biologischen Tagesrhythmus zuwiderlaufen.

Peter wird von seiner Mutter schon früh um 7.00 Uhr in den Kindergarten gebracht und erst nach Beendigung ihrer Arbeitszeit wieder abgeholt. Peters Mutter ist von ihrem Arbeitstag abgespannt und findet weder die nötige Zeit noch sogleich die richtige Einstellung, um sich Peter in der erforderlichen Weise zuwenden zu können.

Silvia ist um 7.00 Uhr in den Kinderhort gebracht worden. Der Unterricht beginnt für Silvia um 8.45 Uhr. Im Gegensatz zu ihrer Freundin Daniela, die bis 7.45 Uhr schlafen konnte, mußte Silvia bereits um 6.00 Uhr aufstehen. Kommt Silvia in die Schule, bedeutet das am Morgen den dritten Wechsel der Bezugspersonen. Silvia mußte sich vor Unterrichtsbeginn fast zwei Stunden beschäftigen. Wenn diese Beschäftigung auch sinnvolles Spielen gewesen sein mag, kommt Silvia doch beträchtlich weniger ausgeruht in die Schule. Vielleicht hätte Silvia viel lieber weitergespielt, vielleicht gab es vor Schulbeginn bereits Konfliktsituationen, die dann in die Schule hineingetragen werden. Auf jeden Fall ist davon auszugehen, daß diese beiden Mädchen mit unterschiedlicher emotionaler Grundstimmung in die Schule kommen. Dem muß Schule durch eine entsprechende Unterrichtsorganisation und Raumgestaltung Rechnung tragen.

Die unterrichtsfreie Zeit nachmittags unterliegt weitgehend zeitlichen Zwängen, die sich Kinder nur vermeintlich selbst auferlegen.

Entspannung und Spielen werden häufig durch in sicherlich guter Absicht verordnete Aktivitäten eingeschränkt (Sportvereine, Musikschule, Ballettunterricht, Reiten, Voltigieren, Laienspielgruppen ...). Fallen derartige Aktivitäten gehäuft an und/oder sind sie nicht deckungsgleich mit den Interessen des betreffenden Kindes, wirkt sich das auf die Arbeitsbereitschaft im Unterricht und auf die Sorgfalt beim Anfertigen der Hausaufgaben aus.

Vielfältige zum Teil vorprogrammierte Tätigkeiten der Kinder am Nachmittag führen bei Kindern und Eltern oft zu der Meinung: Nach getaner „Arbeit" ist gut fernsehen.

Es werden nicht nur Sendungen für Kinder angesehen wie z. B. Lassie, Pumuckel, Tom und Jerry, Sesamstraße, sondern auch Sendungen des Abendprogrammes, das ja für Erwachsene gestaltet ist. Hier sind es vorwiegend Unterhaltungs- und Krimisendungen. Dabei bleibt es aber nicht; es erstaunt immer wieder, was Kinder alles ansehen. Die Fülle der Informationen kann von Kindern weder verarbeitet noch zugeordnet werden und führt zu diffusen Vorstellungen und Kenntnissen, die zusammenhanglos nebeneinanderstehen. Die Wirkung des Bildes auf Kinder ist unvergleichlich stärker als die des Kommentars, der aufgrund der sprachlichen Diktion nur partiell verstanden werden kann. Das Kind ist deshalb zwangsläufig auf seine unvollkommene Interpretation angewiesen, die nicht selten zu Ängsten führt. Schlafstörungen, zumeist Einschlafstörungen, sind oft die Folge. Ausreichende Nachtruhe, die eine notwendige Voraussetzung für das Wohlbefinden der Kinder ist, wird nicht mehr gewährleistet. Diese negativen Einflüsse können durch altersgemäße Freizeitgestaltung verhindert werden. Nicht zu verhindern sind Lärm, Hektik und Unfallgefahr, denen Kinder auf dem Schulweg ausgesetzt sind. Die Auswirkung dieser Belastungen ist deshalb bei ihnen größer als bei Erwachsenen, weil Kinder über weniger Erfahrungen im Straßenverkehr verfügen und Konsequenzen ihrer Reaktionen nicht in gleicher Weise einschätzen können wie Erwachsene. Kamen Kinder früher entspannt in die Schule, so führt die Belastung auf dem Schulweg heute zu nervöser, teilweise aggressiver Anspannung, die vor dem eigentlichen Unterrichtsbeginn abgebaut werden muß.

Anspannungen abbauen können, setzt eine human gestaltete und organisierte Schule voraus.

Human gestaltete Schule meint, daß sich Schüler, insbesondere auch Lernanfänger, in ihr wohlfühlen können, daß keine zusätzlichen Ängste aufgebaut werden, daß vielmehr Ängste und Unsicherheiten zu minimieren sind, damit das Kind das Gefühl entwickeln kann, in diese Schule wirklich hineinzugehören, sie als seine Schule erfahren zu können.

Bereits durch organisatorische Maßnahmen kann Schule helfen, daß sich der Lernanfänger räumlich zu orientieren vermag und aufgrund der dadurch erworbenen Sicherheit bereiter und aufgeschlossener den Anforderungen der Schule zuwenden kann.

In das Schulgebäude hineinzukommen, gelingt den Lernanfängern in der Regel mühelos; doch wie läßt sich der Klassenraum finden?

Der Weg dorthin sollte durch Orientierungshilfen gekennzeichnet werden, die auch Kinder ohne Lesekenntnis dekodieren können. Zum Beispiel:

a) In einer dreizügigen Grundschule werden jedem Schülerjahrgang beieinanderliegende Klassenräume zugewiesen. Beginnend am Haupteingang wird der Weg dorthin durch farbige Streifen markiert, etwa für den Jahrgang 1 gelb, für den Jahrgang 2 rot, für den Jahrgang 3 grün, für den Jahrgang 4 blau. Die gewählten Farben finden sich im jeweiligen Jahrgangstrakt wieder, beispielsweise als Türanstrich. Jeder Klasse wird ein bestimmtes Symbol zugewiesen, das als Erkennungszeichen an der Tür und an Arbeits- und Spielmaterialien angebracht wird.

Für den ersten Schuljahrgang könnten z. B. als Symbol Märchenfiguren gewählt werden, für den zweiten Tiere, für den dritten Blumen und für den vierten Städtewappen.

b) Eine andere Möglichkeit besteht darin, den Weg vom Haupteingang lediglich zum Jahrgangstrakt des 1. Schuljahrganges durch Klebesymbole (z. B. Fußstapfen, Pfeile) zu kennzeichnen. Eine solche Kennzeichnung ist schnell wieder zu entfernen. Den Zeitpunkt dazu bestimmen die Schüler mit, wenn sie feststellen, daß sie den Weg auch ohne optische Hilfe finden können.

Weitere Kennzeichnung wie bei a).

Der Lernanfänger braucht für sich und für seine Sachen feste Plätze, die für ihn gekennzeichnet sind.

Mein Garderobenhaken trägt meinen Namen, denn den kann ich schon lesen, wenngleich wir mit dem Leselehrgang noch nicht beginnen wollen. Die eigentlichen Haken sind auf der Rückseite. Mein Namensschild klebt davor, so daß ich den Haken schnell finde, obwohl ich ihn nicht sehe. Auf der einen Seite neben mir hängt Kerstin immer ihre Sachen auf; mit der spiele ich besonders gern. Deshalb freue ich mich morgens immer, wenn Kerstins Jacke schon am Haken hängt. Auf der anderen Seite ist Saschas Platz. Sascha möchte in der Pause ganz schnell Fußball spielen und hat gar keine Zeit, seine Jacke anzuziehen, aber unsere Lehrerin merkt das immer ganz schnell, und ich nehme seine Jacke mit hinaus.

Wenn aber nach Schulschluß eine Jacke oder ein Anorak hängengeblieben ist, kann unsere Lehrerin schnell nachsehen, ob das Kind noch in der Schule ist.

Schulraumgestaltung

Den Klassenraum gefunden zu haben, gibt das Gefühl von Sicherheit; sich im Klassenraum wohlfühlen zu können, erfordert eine entsprechende Gestaltung. Spontaneität, Kreativität, Freude am Spielen und Entdecken gehören zu den natürlichen Aktivitäten der Kinder, deshalb muß entsprechendes Spiel-, Lern-, Arbeits- und Fördermaterial bereitgestellt werden.

Allein das Vorhandensein solcher Materialien im Lehrmittelraum oder in verschlossenen Schränken genügt nicht.

Vielmehr sollen sie im Klassenraum für die Schüler sichtbar und ohne Hilfe erreichbar angeboten werden. Dazu ist eine angepaßte Raumaufteilung und -einrichtung erforderlich. In der Regel ist davon auszugehen, daß jeder Anfängerklasse ein Klassenraum von ca. 60 m² zur Verfügung steht bei einer Klassenstärke von durchschnittlich *21,5* Schülern.

Bei der Auswahl des Gestühls muß die Körpergröße der Kinder berücksichtigt werden.

Körpergröße	Tischhöhe	Stuhlfläche (Sitzfläche)	
113–127	*52 cm*	*30 cm*	lila
128–142	*58 cm*	*34 cm*	gelb
143–157	*64 cm*	*38 cm*	rot
158–172	*70 cm*	*42 cm*	grün

Kinder verbringen täglich mehrere Stunden an ihrem Arbeitsplatz; das ist in dieser Beständigkeit und Konsequenz für sie erstmalig so nach der Einschulung. Wenn heute über Haltungsauffälligkeiten bzw. Haltungsschäden berechtigt geklagt wird, ist es auch Aufgabe der Schule, alles zu vermeiden, was dazu beitragen könnte, Haltungsschäden zu ermöglichen oder zu verfestigen. Überprüfen wir doch einmal, ob das den Schülern zugewiesene Schulgestühl wirklich angemessen ist!

In vielen Klassen steht Gestühl, genormt nach einer Größe, ohne daß die unterschiedliche Körpergröße der Schüler bedacht worden ist.

Oftmals orientiert man sich bei der Bestuhlung eines Klassenraumes an den „größten" Schülern, weil erfahrungsgemäß Schüler dann Klage führen, wenn sie an zu kleinem Gestühl sitzen und mit den Knien anstoßen. Es kommt kaum vor, daß sich Schüler über zu großes Gestühl beschweren, weil sie zu Hause in der Regel Gestühl für Erwachsene benutzen. Zu Hause ist diese unbefriedigende Tatsache nicht so folgenschwer wie in der Schule, weil die Zeitspanne des Sitzen-Müssens weitaus geringer ist. Zudem haben Kinder zu Hause die Möglichkeit, sich vom Platz wegzubegeben, wenn das Sitzen – bewußt oder unbewußt – beschwerlich wird. Anders in der Schule, wo der geplante Ablauf des Unterrichts längere Sitzzeiten erfordert. Versuchen Schüler, dem beschwerlich gewordenen Sitzen zu entgehen, indem sie sich z. B. auf die Sitzfläche des Stuhles knien, die Beine bzw. ein Bein unterschlagen, den Kopf auf die verschränkten Arme legen oder aufstehen und unter unterschiedlichem Vorwand herumlaufen, so wird das als störend empfunden. Die Schüler werden in der Regel zur Ordnung gerufen, obwohl möglicherweise dieses auffällige Verhalten durch zu großes Gestühl verursacht wird.

Bei der Anordnung des Gestühls ist auf den Lichteinfall zu achten und darauf, daß jedem Schüler der Blick zur Wandtafel (Fronttafel) ohne eine Änderung der Sitzhaltung möglich ist.

Möglichkeiten:

1.

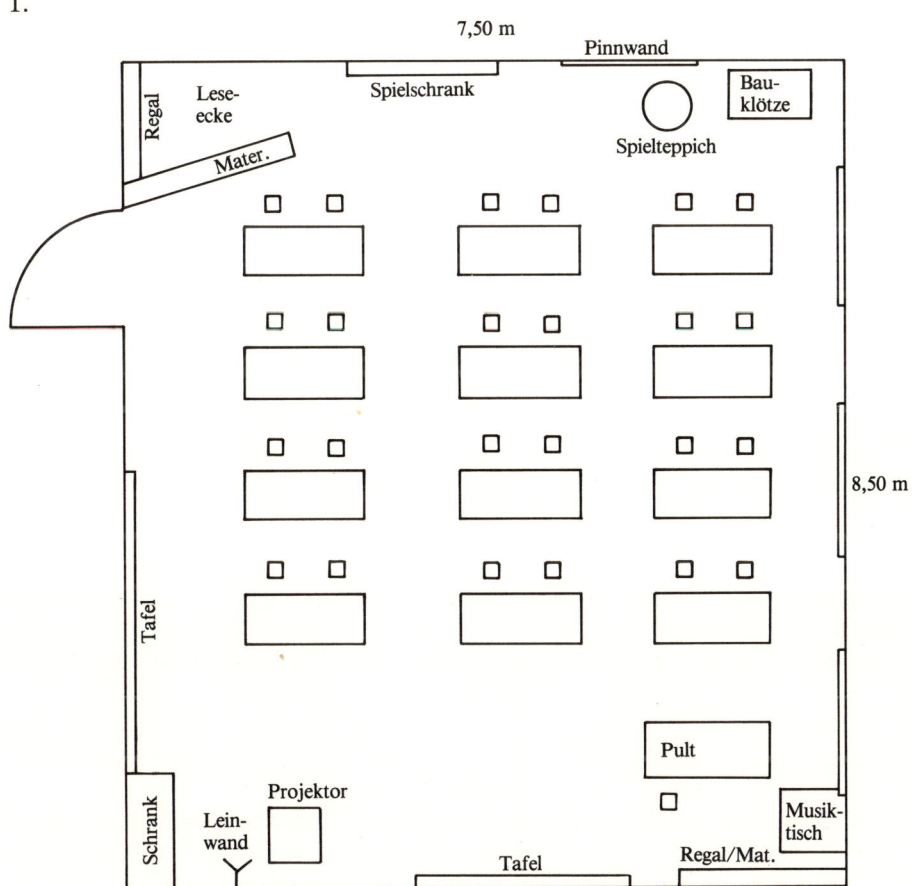

Klassenraumgröße:	63,75 m^2
Klassenstärke:	24
Fläche pro Kind:	2,65 m^2

2.

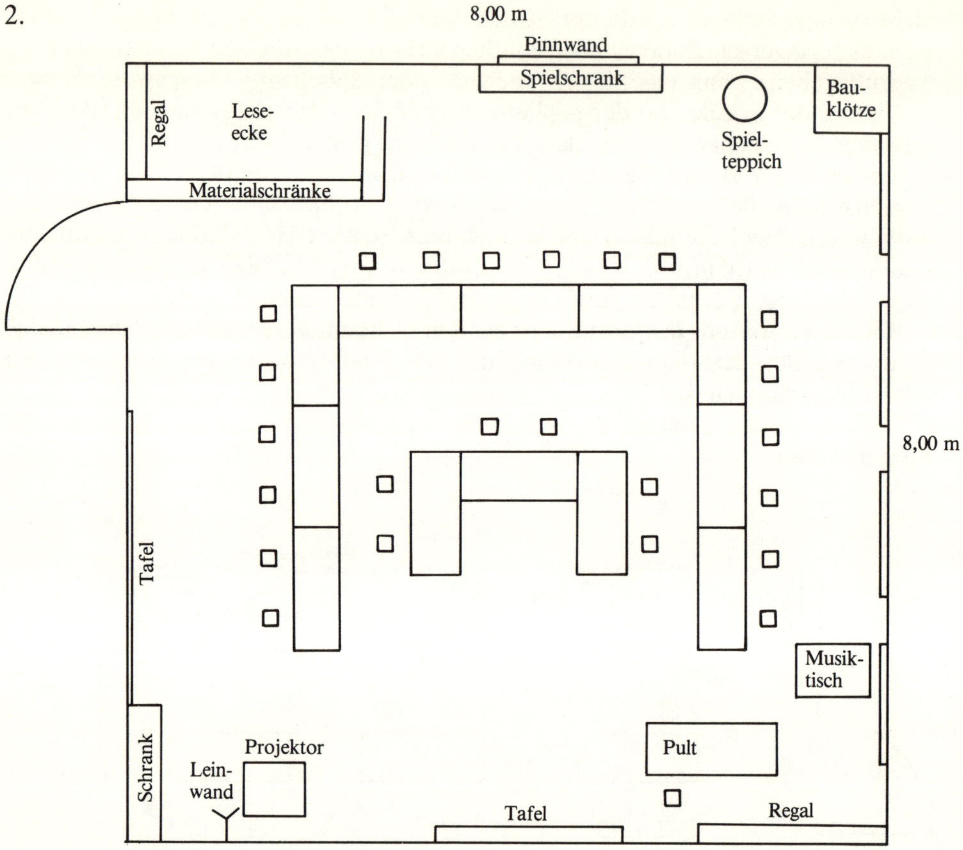

8,00 m

Pinnwand

Spielschrank

Bau-klötze

Regal

Lese-ecke

Spiel-teppich

Materialschränke

8,00 m

Tafel

Musik-tisch

Schrank

Projektor

Lein-wand

Pult

Tafel

Regal

Klassenraumgröße:	64,00 m^2
Klassenstärke:	24
Fläche pro Kind:	2,66 m^2

Soll der Klassenraum als Lernort die Schüler zu aktivem Tun herausfordern, muß bei der Einrichtung beachtet werden, daß Platz für die Gestaltung von Funktions-bereichen bleibt.

Unter den oben genannten Voraussetzungen bieten sich folgende Möglichkeiten an:

Zu 1. Die frontale Anordnung ermöglicht allen Schülern den ungehinderten Blick zur Tafel, der Lichteinfall wird optimal genutzt.
Beim Übertragen des Tafelbildes auf Schülermaterialien entfallen räumliche Zuordnungsprobleme weitgehend, weil lediglich aus der Vertikalen in die Horizontale zu übertragen ist.
Das Gestühl läßt sich für die Arbeit in 4 Lerngruppen problemlos einordnen. Um einen Sitzkreis bilden zu können, ist es hingegen erforderlich, die Tische an die Längswände zu stellen. Wegen des damit verbundenen Zeitaufwandes wird diese Form selten gewählt werden.

Der verfügbare Raum für die Gestaltung von Funktionsbereichen ist begrenzt.

Soziales Lernen wird erschwert, weil eine Kontaktaufnahme lediglich zu den unmittelbaren Nachbarn bzw. zum Lehrer möglich ist. Frontale Anordnung unterstützt lehrerzentrierten Unterricht.

Trotz der genannten positiven Aspekte wird diese mögliche Anordnung nicht empfohlen.

Zu 2. Das doppelte Hufeisen ermöglicht nicht allen Kindern den ungehinderten Blick auf die Tafel. Der Lichteinfall kann nicht für alle Kinder in gleicher Weise genutzt werden. Ein Drittel der Klasse sitzt mit dem Rücken zur Fensterfront, ein weiteres Drittel bekommt zwar das Licht von vorn, leidet unter Umständen aber auch unter starker Sonneneinstrahlung, und nur bei dem letzten Drittel fällt das Licht von der geforderten linken Seite auf den Arbeitsplatz. Schülern, die entweder mit Blick zur Fensterfront sitzen oder der Fensterfront den Rücken zukehren, wird insofern eine höhere Leistung abverlangt.

Aufgrund ungleicher Anforderung, und damit auch Belastung, sollte bei dieser Sitzordnung wöchentlich der Platz gewechselt werden.

3.

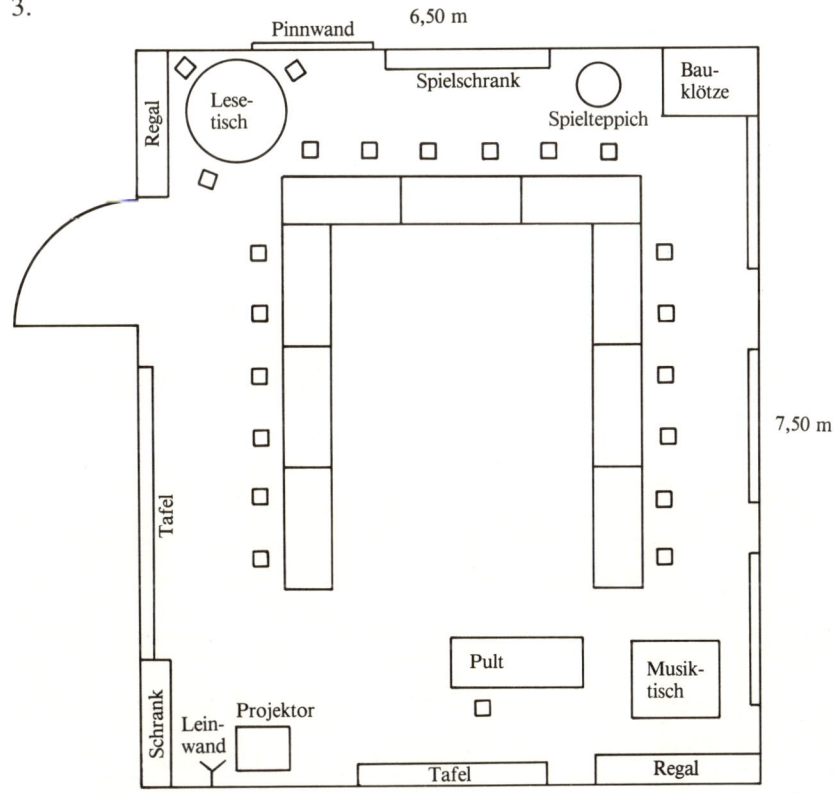

Klassenraumgröße: 48,75 m²
Klassenstärke: 18
Fläche pro Kind: 2,7 m²

Das Gestühl läßt sich problemlos für die Arbeit in 4 Lerngruppen umordnen. Ein Sitzkreis läßt sich sowohl um das innere Hufeisen bilden, als auch dann, wenn die Tische des inneren Hufeisens entweder nach vorn oder hinten gestellt werden. Der verfügbare Raum für die Gestaltung von Funktionsbereichen ist in gleicher Weise begrenzt wie bei frontaler Anordnung. Das doppelte Hufeisen steht sozialem Lernen nicht entgegen. Schüler im inneren Hufeisen bilden zwar unter sich eine Gruppe, für sie ist die Kontaktaufnahme zu Schülern im äußeren Hufeisen allerdings erschwert.

Zu 3. Das Hufeisen bietet sich an für Klassen mit Schülerzahlen unter 20. Bezüglich des Blicks zur Tafel und des Lichteinfalls gilt das zu 2. Gesagte. Das Gestühl läßt sich leicht für Gruppenarbeit umordnen, der Sitzkreis läßt sich problemlos bilden.

Allerdings ist auch hier der für die Gestaltung von Funktionsbereichen erforderliche Raum begrenzt.

Die Voraussetzungen für soziales Lernen sind gegeben.

4.

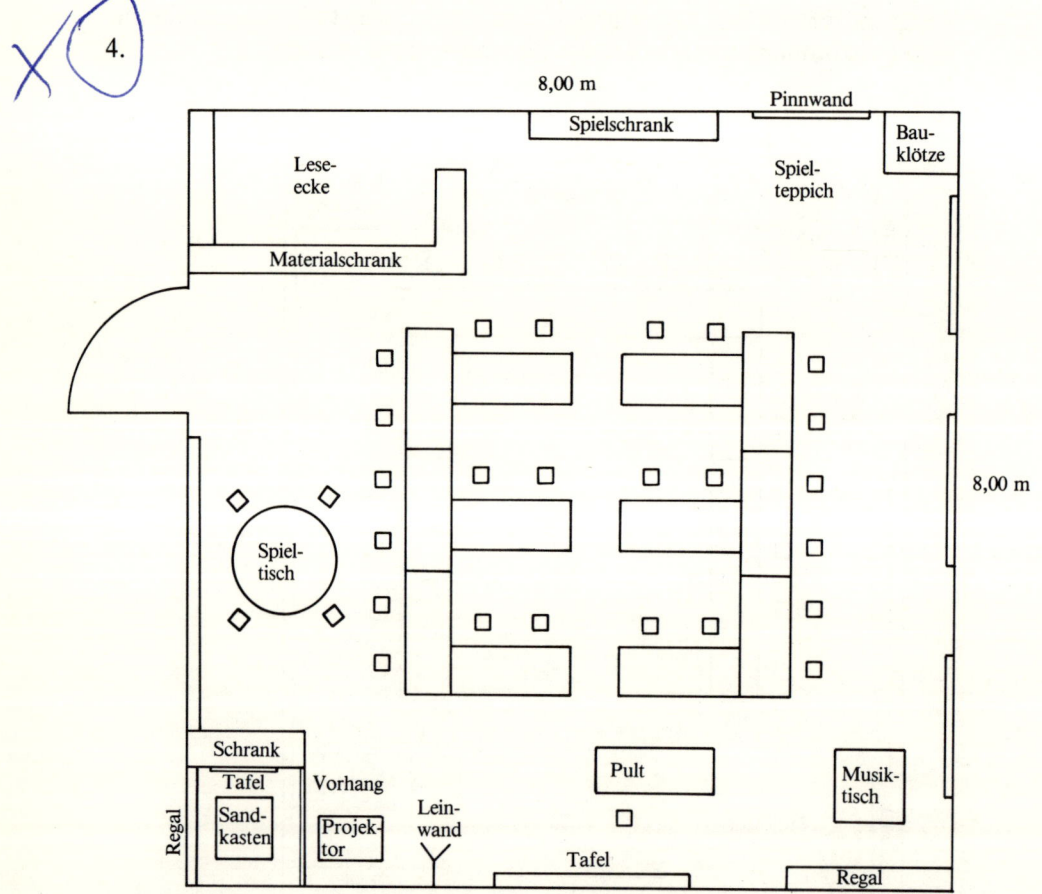

Klassenraumgröße: 64,00 m²
Klassenstärke: 24
Fläche pro Kind: 2,66 m²

5.

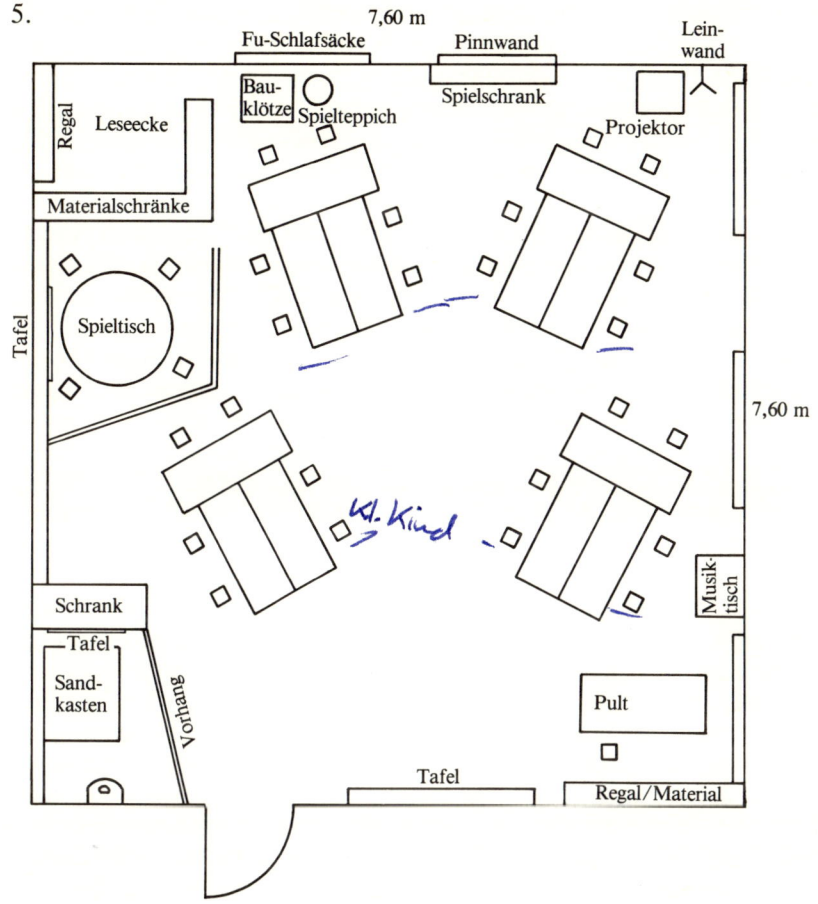

Klassenraumgröße: 58,52 m^2
Klassenstärke: 24
Fläche pro Kind: 2,44 m^2

Zu 4. Bei dieser Anordnung ist für die Hälfte der Schüler der Lichteinfall optimal zu nutzen, diese Schüler können zugleich ungehindert zur Tafel blicken. Gestühl für die Gruppenarbeit umzuordnen ist ebenso problemlos wie das Bilden eines Sitzkreises. Für die Gestaltung der Funktionsbereiche steht im hinteren Teil des Klassenraumes eine ausreichend große Fläche zur Verfügung. Für ein Drittel der Schüler sind die Voraussetzungen für soziales Lernen erschwert.

Zu 5. Bei der Anordnung zu 4 Gruppenarbeitstischen sind die Tische so zu stellen, daß alle Schüler mit geringstmöglicher Anstrengung zur Tafel blicken können. Für ein Drittel der Schüler ist der Lichteinfall nicht optimal nutzbar. An dieser Stelle möchten wir noch einmal den wöchentlichen Platzwechsel empfehlen, um nicht dauernd dieselben Kinder zu benachteiligen. Dabei sollte beachtet werden, daß die Kinder jeweils bei Wochenbeginn zwei Plätze im Uhrzeigersinn innerhalb ihrer Tischgruppe weiterrücken. Bei diesem Verfahren ist sichergestellt, daß jedes Kind seinen unmittelbaren Nachbarn behält und somit keine Störungen im sozialen Gefüge auftreten. Ist der Wechsel eingeübt worden, wird er von den Kindern selbständig vollzogen. Sie achten dann auch darauf, daß bei den an den längsstehenden Tischen Sitzenden jeweils der Kleinere der Tafel am nächsten sitzt. Ein Sitzkreis läßt sich problemlos bilden. Die Voraussetzungen für soziales Lernen sind gegeben. Innerhalb der Tischgruppen entwickeln sich zwar besondere soziale Bezüge, die zeitweise aufgehoben werden, weil die Tischgruppe nicht unbedingt der Arbeitsgruppe bei der Gruppenarbeit entsprechen muß. Bei dieser Sitzanordnung bilden sich Verfahren im organisatorischen Bereich heraus, die Zeit sparen, dem Lehrer Arbeit erleichtern und die Schüler zur Selbständigkeit und Eigenverantwortung anhalten. Zum Beispiel alles, was der Lehrer an die Schüler gibt, wird pro Tisch ausgegeben und dann am Tisch durch die Schüler verteilt, wenn der Lehrer dazu auffordert. Alles, was Schüler abzugeben haben, wird tischweise zusammengelegt, um entweder in die Regale (s. u.) eingeordnet oder vom Lehrer mitgenommen zu werden. Eine Kontrolle ist mit einem Blick möglich, in den meisten Fällen nicht einmal erforderlich, weil die Schüler von sich aus auf Vollzähligkeit achten.

Der für die Gestaltung der Funktionsbereiche verfügbare Raum ließe sich z. B. in folgender Weise nutzen:

Benutzt man den Klassenschrank, der bislang an der Längswand neben dem Handwaschbecken stand, als Raumteiler, so erhält man eine Ecke, deren Größe von der Stellung des Schrankes bestimmt wird. Es bietet sich manchmal an, den Schrank mit der Kante des Wandfrieses abschließen zu lassen. Wir gewinnen die Wandfläche, vor der bisher der Schrank stand und können die Rückwand des Schrankes als Pinnwand oder zusätzliche Tafelfläche verwenden. Versieht man das Stück freigewordene Längswand im unteren Bereich mit einem Regal, so lassen sich darauf beispielsweise Tuschkästen, Pinsel, Wasserbecher, Knetunterlagen und Knetmasse unterbringen.

Die Ecke könnte auch groß genug sein, um hier einen Sandkasten aufzustellen. Auf beiden Seiten des Handwaschbeckens und unter dem Regal kann man in leeren Waschmitteltonnen, die man entweder beklebt oder mit Stoff bezieht, Primitivmaterial sammeln, wie Eierkartons, Korken, Zapfen, Toilettenpapierrollen, Streichholzschachteln, Woll- und Stoffreste, Bierdeckel, Holzabfälle u. a. Diese Ecke läßt sich durch einen Vorhang zwischen Schrank und Vorderwand des Klassenraumes abgrenzen. Eine Vorhangshöhe von ca. 1,60 m ermöglicht der Lehrkraft die erforderliche Aufsicht.

Mit etwas Geschick läßt sich dieser Vorhang so fertigen, daß er auch als Kasperbühne verwendet werden kann.

Die der Fensterfront gegenüberliegende Ecke an der Rückwand des Klassenraumes eignet sich als Kuschel- und Leseecke.

Dazu ist es erforderlich, sie durch Regale abzugrenzen, die zum Klassenraum hin offen sind. In diesen Regalen erhält jeder Schüler sein Ablagefach, in dem er Schulbücher, Arbeitsmappen, Hefte und Kleinmaterial wie Buchstaben, Rechenplättchen ... aufbewahren kann. Die entstandene Ecke sollte mit Teppichboden oder Decken ausgelegt werden. An die Rückseiten der Regale (Raumteiler) lassen sich Schülerzeichnungen, Poster o. ä. anheften. Der Zugang ist an der Rückwand des Klassenraumes zu wählen, damit an anderer Stelle arbeitende Schüler nicht abgelenkt werden. Ob die bereitgestellten Bücher in einem dem Zugang gegenüberliegenden Regal oder in einem Container angeboten werden, ist sekundär.

Diese Ecke ist Ruhezone und aus hygienischen Gründen ohne Schuhe zu betreten!

Zwischen den beiden geschilderten Ecken befindet sich in den meisten Klassenräumen ein Wandfries. Davor läßt sich ein zusätzlicher Arbeitsplatz einrichten. Wir stellen zwei Schülertische, besser noch einen runden Tisch, auf, die als Spieltisch für Gesellschaftsspiele oder Lernspiele genutzt werden sollen. Die erforderlichen Spiele lassen sich auf dem Regal unterbringen, das die Leseecke abgrenzt. Damit Kinder ungestört spielen können, ist auch dieser Arbeitsplatz abzugrenzen. Dazu eignet sich z.B. ein Paravent, der käuflich erworben werden kann oder selbst gemacht wird. Die Höhe ist so zu bemessen, daß die Benutzung des Wandfrieses nicht beeinträchtigt wird. Der Spieltisch kann selbstverständlich auch als Arbeitstisch bei Differenzierungs- und Fördermaßnahmen Verwendung finden.

Die für technisches Spielzeug, Bastel- und Arbeitsmaterial erforderliche Regalfläche läßt sich an der Rückwand des Klassenraumes schaffen. Der verfügbare Raum sollte auch genutzt werden, Regalfläche wird immer benötigt.
Wie lassen sich Regale beschaffen?

Beispiel 1: Der Schuletat läßt den Neukauf zu.

Beispiel 2: In den Kellerräumen der Schule oder auf dem Boden finden sich manchmal Regale, die bei Neueinrichtung dort abgestellt worden sind. Es findet sich unter Umständen Material, das für den Selbstbau von Regalen verwendet werden kann. Eine brauchbare Zwischenlösung wäre das Aufstellen von Schülertischen.

Beispiel 3: Eine Anfrage beim Schulträger kann die Möglichkeit eröffnen, geeignetes Mobiliar, das dort ungenutzt steht, zur Verfügung gestellt zu bekommen.
Der Schulträger kann unter Umständen weitere Ansprechpartner benennen.

Beispiel 4: Regale lassen sich gegebenenfalls auch selbst bauen.
Leere Obstkisten gleicher Größe lassen sich neben- und aufeinander stapeln. Feste Kartons eignen sich ebenfalls zum Erstellen eines Regals. (Bei Benutzung müssen in diesem Fall schwerere Gegenstände in der unteren Reihe aufbewahrt werden.)
Leere Schieber eignen sich für eine weitere Unterteilung.
Über Kalksandsteine werden Bretter gelegt.

Beispiel 5: Bei entsprechendem Geschick und Vorhandensein eines Werkraumes lassen sich auch Holzregale bauen. Hausmeister, auch Eltern (vor allem Väter) lassen sich in eine solche Arbeit oftmals einbeziehen.
Es sei an dieser Stelle darauf hingewiesen, daß Eltern häufig nicht nur bereit sind zu helfen, sondern auch einfallsreich sein können.

Materialien, die nicht für den freien Zugriff durch Schüler gedacht sind, vielmehr durch den Lehrer gezielt eingesetzt werden (z. B. lehrgangsgebundene Materialien, Musikinstrumente), lassen sich zweckmäßig in einem Regal hinter dem Lehrerpult aufbewahren.

Läßt sich an dieser Stelle kein Regal anbringen, müssen die oben genannten Materialien im Klassenschrank untergebracht werden.

In die Klassenraumgestaltung sind auch Wände, Fensterbänke, Türfläche, Decke und die Wandfläche im Flur neben der Klassentür einzubeziehen. Von Beschreibungen im einzelnen sehen wir ab, möchten jedoch empfehlen, die wenigen folgenden Vorschläge zu bedenken: Um Kinder ein Zeitempfinden entwickeln zu lassen, eignet sich eine Zeitleiste, die im Laufe des Schuljahres unter Mitarbeit der Kinder vervollständigt wird.

Auf die Rückseite einer Tapetenrolle werden im Abstand von 20 cm die Monatsnamen geschrieben. Hat ein Kind Geburtstag, schreibt der Lehrer unter den Monatsnamen das Datum und malt eine Kerze daneben, das Geburtstagskind schreibt seinen Namen dazu. Für Ereignisse, die alle Kinder betreffen (Schulanfang, Drachensteigen, Laterne gehen, Nikolaus, Weihnachtsmärchen . . .), wird ein Bild oder ein Symbol gemalt und mit Datumsangabe unter den entsprechenden Monatsnamen geklebt.

Januar   Februar   März   April   Mai   Juni   →

Da an der Zeitleiste das ganze Jahr über gearbeitet werden soll, muß sie in einer Höhe angebracht werden, die es Kindern ermöglicht, auf dieser Leiste zu schreiben oder Zeichnungen daraufzukleben.

Die freien Flächen der Vorderwand werden benötigt, um z. B. Buchstaben, Wörter und Ziffern aufzuhängen, damit sie sich ständig im Blickfeld der Kinder befinden, der Lehrer aber auch die Möglichkeit hat, die Lerngruppe oder einzelne Kinder gezielt darauf hinzuweisen, daß der Aushang an der Vorderwand hilft, die richtige Schreibweise zu finden. Kinder können sich nicht nur vergewissern, sondern üben auf diese Weise zugleich ersten Umgang mit einem „Nachschlagewerk".

An der der Fensterfront gegenüberliegenden Wand befindet sich in den meisten Klassen eine Tafelfläche, zum Teil mit Pinnwand. Rechts und links davon haben wir Funktionsecken eingerichtet. Die Zeitleiste ließe sich also an dieser Wand nur in einer Höhe anbringen, die Kindern ein Arbeiten daran unmöglich macht. Lediglich an der Rückwand des Klassenraumes läßt sich die Zeitleiste anbringen.

Außer der Zeitleiste sollte vom ersten Schultag an eine Lernuhr, die an der Vorderwand des Klassenraumes hängt, das Zeitempfinden entwickeln helfen. Bringe ich darunter zusätzlich ein Zifferblatt mit verstellbaren Zeigern an, so lassen sich bereits in den ersten sechs Wochen Arbeitsaufträge für die Kinder nachvollziehbar mit Zeit verbinden. Auf dem Zifferblatt stelle ich den Zeitpunkt ein, zu dem eine Aufgabe abgeschlossen sein soll. Auch die Kinder, die die Uhrzeit noch nicht ablesen können, sind imstande, an der Lernuhr zu erkennen, daß sich deren Zeigerstand dem auf dem Zifferblatt eingestellten nähert bzw. ihm gleicht.

Die Rückwand wird zugleich als weitere Aushangfläche für Schülerarbeiten zu nutzen sein. Es ist deshalb zweckmäßig, über die gesamte Länge zwei Leisten in einem Abstand von 30 cm anzubringen. Die Leisten sollten in einer Höhe von 1,50 m bzw. 1,80 m befestigt werden.

Leisten von 5 cm Breite und 1 cm Stärke haben sich bewährt. Es sollte eine weiche Holzart genommen werden, damit das Anheften bzw. Abnehmen von Schülerarbeiten nicht unnötig erschwert wird.

Hängt man an die Schmalseite des Klassenschrankes ein Gruppenbild von der Einschulung, so läßt sich mit Hilfe von Listen auch Zeitempfinden entwickeln. Links unter dem Bild hängt eine Namensliste. Ein im Verlauf des Leselehrgangs neu gelernter Buchstabe darf von jenen Kindern, in deren Namen er vorkommt, auf der Namensliste übermalt werden. In diesem Zusammenhang denkbare Übungsmöglichkeiten sollten genutzt werden, damit nicht eine stille, möglicherweise verschmitzte Einzelarbeit geleistet wird.

Rechts unter dem Bild hängt eine auf Papier gefertigte Maßskala mit dem Maßbereich z. B. 1,20 m (kleinster Schüler) bis 1,40 m (größter Schüler) in Zentimetereinteilung. In halbjährigem Abstand werden die Schüler gemessen und die Ergebnisse in die Maßskala eingetragen. Für jeden neuen Meßtermin wird zugleich auch eine neue Skala benötigt, die rechts neben die bereits vorhandene gehängt wird. Jedes Kind hat so die Möglichkeit, vom Schulanfang bis zum Verlassen der Grundschule, sein Längenwachstum zu verfolgen.

Die Innenseite der Klassentür eignet sich im Grunde – wie die Wände – für den Aushang von Schülerarbeiten bzw. Mitteilungen. Weil die Tür von allen Schülern benutzt wird, ist hier eigentlich der Platz für besonders wichtige Informationen oder für eine gemeinsam erstellte Arbeit, die bei offenstehender Tür von Schülern anderer Klassen angesehen werden kann.

Spannt man im rückwärtigen Bereich unter der Decke Fäden, so lassen sich daran Bastelarbeiten der Schüler aufhängen. In die Deckenmitte schraubt man einen stabilen Haken, 4 weitere in gleichem Abstand an die Rückwand.

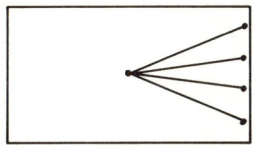 Von der Mitte aus spannt man zu jedem der 4 Haken an der Rückwand einen starken Bindfaden oder ein Nylonband.

Der Schraubhaken in der Deckenmitte ist mehrfach nutzbar, wenn man z. B. einen Gymnastikreifen, der mit Schrägband, Kreppapier o. ä. umwickelt worden ist, an diesem Haken aufhängt. Dieser Reifen bietet weitere Möglichkeiten, geeignete Schülerarbeiten „auszustellen", er eignet sich auch für besondere Anlässe wie Advent, Fasching, Ostern, Ernte, Frühling, Sommer, Herbst, Winter.

Auf diese Weise gewinnt man zusätzliche „Ausstellungsfläche", durch deren Nutzung dann niemand gehindert wird, wenn die Fäden im rückwärtigen Bereich in einer solchen Höhe gezogen sind, daß die daran hängenden Schülerarbeiten den Blick zur Tafel nicht einschränken.

Während der Adventszeit lassen sich z. B. 24 kleine Päckchen daranhängen, von denen täglich eines abgeschnitten wird. Zwischenräume lassen sich durch weihnachtliche Basteleien ausfüllen. Dadurch bleibt ein dekoratives Aussehen erhalten, auch wenn bereits ein großer Teil der Päckchen abgeschnitten worden ist. Während der Faschingszeit aufgehängte Girlanden, Hexentreppen, Masken beziehen die Umwelt des Kindes in die Schule ein.

Während der Osterzeit werden ausgeblasene Eier angemalt. Sie auszustellen ist häufig problematisch, weil zu einem Strauß zusammengesteckte Zweige, will man alle Kinderarbeiten berücksichtigen, aufgrund des Ausmaßes im Klassenraum keinen geeigneten Platz finden. Hängt man die bemalten Eier an den Reifen, so haben sie einen geeigneten Platz und sind von allen Seiten zu betrachten. Bemalte Eier auf Bindfaden gezogen und als Girlande an die Wand gehängt, läßt nur eine teilweise Betrachtung zu.

Während der Erntezeit könnte unter Schwerpunkten wie Gartenfrüchte, Getreidearten, Feldfrüchte, Früchte des Waldes, der Reifen als Informationsträger dienen.

Auf die Beschreibung weiterer Beispiele wird verzichtet. Es soll nur darauf hingewiesen werden, daß Mobiles geeignete Formen zur Darstellung der Jahreszeiten sind.

Blumen auf der Fensterbank sollen von den Kindern nicht nur als Raumschmuck angesehen werden, vielmehr gilt es vom ersten Tage an, eine Beziehung zu diesen Pflanzen zu entwickeln, indem Kinder in die Verantwortung für diese Pflanzen durch notwendige Pflegemaßnahmen einbezogen werden.

Organisation und Gestaltung
eines Unterrichtsvormittags

Für Lernanfänger stellt sich Schule wesentlich unter vier Aspekten dar:

- der Raum, in dem Schule stattfindet; in dem der Schüler lernen muß, sich zu orientieren
- das soziale Umfeld in der Schule mit seinen personalen Bezügen, die der Schüler kennenlernen muß, um in ihnen bzw. mit ihnen leben zu können
- die Zeit, in der ein Schultag gestaltet sein will, die der Schüler erkennen und für sich zuordnen lernen muß
- die Einsicht, daß sich ein Schultag aus verschiedenen Lern- und Spielangeboten zusammensetzt, die es wahrzunehmen gilt, auch wenn eigene Bedürfnisse dem entgegenstehen.

Da sich Schüler diesen Gegebenheiten täglich erneut anpassen müssen, bedarf es vor Beginn des gemeinsamen Tuns einer Phase der Eingewöhnung, in der das Kind Partner und/oder Material frei wählen kann. Der Lehrer steht den Schülern während dieser Zeit als Ansprechpartner und Berater zur Verfügung. Schüler müssen sich zunächst mitteilen können, um für gemeinsame Arbeit offen zu werden.

Ansprechpartner muß nicht nur der Lehrer sein, es kann auch ein anderer Schüler angesprochen werden. Entscheidend ist, daß die Gesprächsmöglichkeit angeboten wird, und daß die Schüler lernen, diese Möglichkeit zu nutzen.

Sicherheit wird dem Lernanfänger nicht nur durch optische Hilfen vermittelt, vielmehr fühlt er sich geborgen, wenn der personale Bezug zwischen Lehrer und Schüler so optimal wie möglich gestaltet wird. Das bedeutet, daß die Lehrerin bereits 10–15 Minuten vor dem eigentlichen Unterrichtsbeginn den Schülern im Klassenraum als Ansprechpartnerin zur Verfügung steht.

Diese Zeit können die Schüler nach eigenen Bedürfnissen nutzen. Zum Beispiel:

1. Einige sprechen über ihre Eindrücke vom Fernsehprogramm des vergangenen Tages.
2. Andere tauschen Erfahrungen aus, die sie beim Besuch des Schützenfestes oder vergleichbarer Veranstaltungen gesammelt haben.
3. Einer hat sein neues Matchboxauto mitgebracht und führt es seinen Freunden vor.
4. Ein anderer hat sein liebstes Kuscheltier mitgebracht, um es zu zeigen und auch um andere damit spielen zu lassen.
5. Ein dritter bringt ein Vogelnest mit, das er auf dem Schulweg fand, um es zunächst als etwas Außergewöhnliches der Lehrerin zu zeigen. Andere Schüler werden aufmerksam und neugierig.

6. Es verbleibt in der Regel eine Schülergruppe, die auf ein Materialangebot der Schule wartet, mit dem sie sich beschäftigen kann.
7. Eine Reihe von Schülern hat aber auch das Bedürfnis, der Lehrerin etwas für sie Bedeutsames zu erzählen; sei es, daß die Mutter heute Geburtstag hat, daß der Wellensittich entflogen ist und die ganze Familie vergebens gesucht hat, daß ein neuer Pullover von der Lehrerin noch nicht gebührend beachtet wurde, daß ein Autofahrer „schrecklich" schnell an den Zebrastreifen heranfuhr, daß einige der „Großen" den Weg versperrten ...

Das mag als Begründung dafür genug sein, daß Kinder diese Zeit vor dem eigentlichen Unterrichtsbeginn benötigen, um Abstand zu gewinnen von dem, was sie im Augenblick bewegt oder auch belastet. Die Lehrerin als Ansprechpartnerin befindet sich in dieser Zeit überwiegend in der Funktion der Zuhörerin, die auch bereit sein muß, gegebenenfalls zu raten und zu trösten. In dieser Zeitspanne hat die Lehrerin Gelegenheit, die Kinder bei ungeplantem Tun zu beobachten und dabei Aufschlüsse über Verhaltensweisen zu erfahren, die im regulären Unterricht nicht auffällig sind (vgl. dazu ... Schülerbeobachtung).

An diese Zeit der Entlastung für den einzelnen schließt sich die geplante Arbeit an, die mit einem Morgenkreis beginnt. Nach der Begrüßung wird ein Lied gesungen, ein Reim gesprochen, eine Geschichte erzählt oder ein Spiel, das soziale Kontakte fördert, gespielt; entscheidend ist dabei, daß alle Kinder daran beteiligt sind. Im Morgenkreis wird auch der Geburtstag eines Kindes gefeiert, ein besonderes Ereignis, das alle Kinder betrifft, besprochen, ein Märchen oder eine Geschichte vorgelesen (gegebenenfalls Fortsetzungsgeschichte).

Die Zeitdauer des Morgenkreises wird durch die inhaltliche Gestaltung bestimmt.

Die Form, in der der Morgenkreis stattfindet, ist abhängig von der Relation räumlicher Gegebenheit und Klassenstärke sowie von den beabsichtigten Tätigkeiten. Es muß nicht unbedingt die Kreisform sein, alle Kinder sollten einander jedoch sehen können.

Bevor der Morgenkreis aufgelöst wird, wird mit den Kindern der weitere Tagesablauf besprochen.

Bereits mit dem Schulanfang beginnt auch die Erziehung zur Selbständigkeit. In diesem Zusammenhang bedeutet das, sich informieren, sich orientieren als eine Voraussetzung für eigenes Entscheiden. Deshalb genügt es nicht, den weiteren Tagesablauf zu besprechen, es ist vielmehr erforderlich, die einzelnen Phasen des Tagesablaufes mit Hilfe vereinbarter Zeichen in Form eines „Stundenplanes" an der Tafel zu notieren. So können die Kinder auch ohne Lesefertigkeit den „Stundenplan" verstehen und sich selbständig über den geplanten Verlauf des Vormittags orientieren. Die vereinbarten Zeichen sind zugleich eine Vorform für spätere Arbeitsanweisungen. Sie müssen eindeutig sein, so daß die Kinder ohne Rückfragen an den Lehrer die gegebenen Aufträge ausführen können.

Die Zahl der Zeichen sollte gering gehalten werden, es muß den Kindern aber möglich sein, sowohl vorgesehene Aktivitäten als auch die Form, in der sie vollzogen werden sollen, zu erkennen.

Die nachfolgend aufgeführten Zeichen sind als Beispiel zu verstehen:

lesen		allein arbeiten	
schreiben		Partnerarbeit	
rechnen		in der Gruppe arbeiten	
musizieren		im Klassenverband arbeiten	
malen		Sitzkreis	
basteln		Geschichte hören	
sich bewegen			
spielen			
miteinander sprechen			

Der Verlauf des Vormittags ist in Phasen der Arbeit und der Entspannung zu unterteilen. Dabei ist die 45-Minuten-Stunde nicht als vorgegebene, verbindliche Zeiteinheit anzusehen, vielmehr ist die Konzentrationsfähigkeit der Lernanfänger bestimmend für den Wechsel. Es kann nicht darum gehen, zeitgleiche kürzere Abschnitte festzulegen, vielmehr bestimmt sich die Dauer einer Phase vom jeweiligen Inhalt und der damit verbundenen Aufgabenstellung her und von der Bereitschaft und Fähigkeit der Kinder zur Mitarbeit.

Den Unterrichtsvormittag könnte man in folgender Weise gliedern:

1. offener Anfang
2. Morgenkreis als gemeinsamer Tagesbeginn
3. 1. Arbeitsphase
4. Aktivitäten im musischen Bereich
5. 2. Arbeitsphase
6. Bewegungsphase
7. 3. Arbeitsphase
8. Spielphase
9. gemeinsamer Tagesabschluß

Lernen vollzieht sich in allen Phasen, unterschiedlich sind die Inhalte und die Arbeitsformen. In die Arbeitsphasen gehören die Vorkurse für Lesen, Schreiben und Mathematik sowie die Fächer Sachunterricht und Religion. Aktivitäten im musischen Bereich werden inhaltlich bestimmt durch die Fächer Musik und Kunst und bereiten die Kinder auf die weiteren Anforderungen dieser Fächer vor. Die Bewegungsphase läßt sich keinem Fachbereich zuordnen, weil sie sowohl Elemente des Sportunterrichts als auch des Musikunterrichts und des kindlichen Spiels enthält.

Auch Spielen ist keine zweckfreie Betätigung. Einerseits ist Spielen zu begreifen als Gegengewicht zu den neuen Anforderungen, die die Schule an die Kinder stellt, andererseits vollzieht sich Lernen beim Spielen in kindgemäßer Form. Kinder können hier am ehesten ihre vorschulischen Erfahrungen einbringen. Sie erkennen ihre Fähigkeiten und Fertigkeiten und finden aus dem Gefühl des Könnens zur Selbstbestätigung, die ermutigt, Sozial- und Sachkompetenz erweitern zu wollen. Lernen beim Spielen findet vorwiegend im sozialen Bereich statt:

- situationsangemessen miteinander umgehen
- Spielpartner wählen können
- Regeln beachten
- sich an Ordnungen gewöhnen
- sich rücksichtsvoll verhalten
- ein angefangenes Spiel zu Ende führen
- eigene Wünsche zurückstellen
- anderen helfen, mitspielen zu können
- Erfahrungen sammeln, daß verschiedene Spiele unterschiedliche Spieldauer haben
- Phantasie und Kreativität entfalten
- alle Mitspieler einbeziehen

Fachorientierte Spiele erweitern die Sachkompetenz und helfen, Fertigkeiten zu gewinnen bzw. zu üben. Solche Spiele sind nicht ausschließlich materialabhängig, bedürfen aber der Lenkung durch den Lehrer – Verweis auf Lernspiele.

Wie jeder Schultag mit Aktivitäten begonnen hat, an denen alle Schüler gemeinsam beteiligt waren, sollte jeder Schultag auch durch gemeinsames Tun beendet werden. Werden Kinder vom ersten Schultag an daran gewöhnt, daß nicht der Gong oder das Klingelzeichen den Unterricht beendet, sondern Lehrer und Schüler die Stunde beschließen, entwickelt sich daraus zwanglos ein Verhalten, das einen gemeinsamen Tagesabschluß ohne Hektik ermöglicht. Für die Lehrkraft bedeutet das, planerisch vorauszubedenken, daß die Kinder rechtzeitig vor dem Schlußzeichen der letzten Stunde nicht nur die Arbeit beendet haben, sondern bereits ihre Plätze aufgeräumt und die Schultaschen gepackt haben. Nur dann kann in Muße der Schultag beendet werden. Die für den Tagesabschluß benötigte Zeit bestimmt sich durch den Inhalt des gemeinsamen Tuns.

Ein im Verlauf des Vormittags gelerntes Gedicht wird noch einmal gemeinsam gesprochen, eine kurze Geschichte wird erzählt, ein besonderes Ereignis des Tages in Erinnerung gerufen, ein erstelltes Bild oder „Werk" betrachtet.

Es ist ebenso denkbar, daß der Tagesschluß im Besinnen auf bzw. Erinnern an organisatorisch Bedeutsames besteht (Unterrichtsgang, Ausflug, Schulfest, Eltern-nachmittag ...).

In jedem Fall sollten sich Lehrer und Kinder nach einem gemeinsam gesungenen Schlußlied voneinander verabschieden.

Beispiel für den Verlauf eines Unterrichtsvormittags in der dritten Schulwoche:

Auf den offenen Anfang eines Schultages sollte in keinem Falle verzichtet werden. Läßt es sich organisieren, kann der offene Anfang zu einem Teil vor dem eigentlichen Unterrichtsanfang liegen. Dann hat das Klingelzeichen für den Stundenbeginn keine Bedeutung für den Ablauf (gültig lediglich für die Klassen 2–4), der zeitlich wie folgt gestaffelt werden kann:

offene Arbeit	8.50– 9.10	9.00 Klingelzeichen
Morgenkreis	9.10– 9.20	
1. Arbeitsphase	9.20– 9.45	9.45–10.05 1. gr. Pause
musischer Bereich	10.05–10.50	
2. Arbeitsphase	10.55–11.25	
Bewegungsphase	11.25–11.40	11.40–11.55 2. gr. Pause
3. Arbeitsphase	11.55–12.20	
Spielphase	12.20–12.35	
gemeinsamer Tagesabschluß	12.35–12.40	

Wenn Sachzwänge wie Schülertransport oder Fachlehrereinsatz dem offenen Anfang vor Unterrichtsbeginn entgegenstehen, verkürzt sich der zeitliche Ablauf um 10 Minuten und könnte wie folgt geplant werden:

offener Anfang	9.00– 9.15	
Morgenkreis	9.15– 9.25	
1. Arbeitsphase	9.25– 9.45	9.45–10.05 1. gr. Pause
musischer Bereich	10.05–10.50	
2. Arbeitsphase	10.55–11.25	
Bewegungsphase	11.25–11.40	11.40–11.55 2. gr. Pause
3. Arbeitsphase	11.55–12.20	
Spielphase	12.20–12.35	
gemeinsamer Tagesabschluß	12.35–12.40	

Der hier genannte zeitliche Ablauf ist als *eine* Möglichkeit zu sehen, den Unterrichtsvormittag zu strukturieren.

Er will und kann keine starre Vorgabe sein. Die Bedeutsamkeit der Lerninhalte, das Verhalten der Kinder, die Feststellung, daß als gekonnt erwartete Arbeitstechniken doch nicht beherrscht werden, aktuelle und/oder lokale besondere Ereignisse ... können zeitliche Verschiebungen erforderlich machen. Immer ist jedoch der Wechsel zwischen Phasen direkten Lernens und solchen des spielerischen und handelnden Umgangs mit Lerninhalten erforderlich. Die noch kurze und ungleichmäßige Belastbarkeit und Konzentrationsfähigkeit der Lernanfänger muß auch dann berücksichtigt werden, wenn bereits im 1. Schuljahr der Einsatz von Fachlehrern unvermeidbar ist. In diesen Fällen ist eine enge Kooperation mit dem Klassenlehrer unverzichtbar, um zu vereinbaren, in welcher Weise Spiel oder spielähnliche Lernformen bzw. Bewegung in den „Fachunterricht" einzubeziehen sind, um den Tagesrhythmus beibehalten zu können.

Es wäre eine schlechte Lösung, wenn der Unterrichtsvormittag mit „Fachunterricht" begänne. Dennoch kann es aus organisatorischen Gründen in Einzelfällen erforderlich sein.

Wird die erste Stunde außerhalb des Klassenraumes erteilt, z. B. Sport durch einen Fachlehrer, so beginnt die zweite Stunde mit dem offenen Anfang. Ist in der ersten Stunde Fachunterricht im Klassenraum, sollte sich der Fachlehrer für die Durchführung des offenen Anfangs verantwortlich fühlen. Das setzt voraus, daß Klassenlehrer und Fachlehrer Aufgabe und Ziel der erzieherischen und unterrichtlichen Arbeit miteinander abstimmen. Dabei ist entscheidend, daß alle in der Klasse unterrichtenden Lehrkräfte um der Kontinuität willen die Schüler in vergleichbarer Weise ansprechen, sich offen halten für Schülerfragen und ihr Lehrerverhalten so angleichen, daß die Schüler sich nicht mehrfach neu einstellen müssen. Der Klassenlehrer sollte die Fachlehrer über die vorhandenen Materialien und ihre Verwendungsmöglichkeiten informieren.

Beispiel für die inhaltliche Gestaltung eines Unterrichtsvormittags:

Offener Anfang: 15 bis 20 Minuten

Schüler	Schüleraktivitäten		Lehreraktivitäten
finden selbständig Gestaltungs-möglichkeiten	– sprechen über Erlebtes – tauschen Erfahrungen aus – zeigen mitgebrachtes Spiel-zeug und spielen damit – wählen aus dem Angebot der Schule Materialien aus und gehen damit um	wechselnde Gruppierungen, gemeinsames Finden einer Spielform, richtiges Miteinanderumgehen Einhalten von Vereinbarungen und Regeln	beobachten, nur bei Bedarf helfend oder ordnend eingreifen
suchen unmittelbaren Kontakt zur Lehrkraft	– teilen Besonderheiten aus dem häuslichen Bereich mit – berichten über Vorkomm-nisse auf dem Schulweg – zeigen Gegenstände vor, die für sie bedeutsam sind – fragen für sie persönlich Wichtiges nach	suchen die Zuwendung der Lehrkraft, weil die Kontakt-fähigkeit zu den Mitschülern noch unzureichend ist; erwarten von der Lehrkraft die gebührende Resonanz für ihre Mitteilungen, um danach selb-ständig tätig zu sein	zuhören, Zuwendung erkennen lassen, aus der jeweiligen Situa-tion heraus für eine Aufgabe motivieren (ggfs. Einzelarbeit); zuhören, Verständnis erkennen lassen, aufgrund der Entlastung ist selbständiges Tun möglich
benötigen die Hilfe der Lehr-kraft, um aktiv zu werden	geeignetes Material bereitstellen und erforderliche Regeln für gemeinsames Tun vereinbaren		beobachten, entscheiden, ob eventuell ein Kind des Allein-seins, Nachdenkens oder Träumens bedarf; oder ob durch gezielte Aufgabenstellung diese Schüler zu angeleitetem Tun gebracht werden

Morgenkreis, ca. 10 Minuten

Schüleraktivitäten	Lehreraktivitäten	Voraussetzungen
Stuhlkreis bilden Lied: Der Kuckuck und der Esel	Begrüßung	Stuhl richtig anfassen und tragen können, tischweise die Stühle zum Kreis ordnen; Schüler kennen ihren Platz Lied ist bereits bekannt
Spiel: Briefträgerspiel Ziel: – Kenntnis der Schriftbilder für alle Kinder erweitern – Zuordnen üben – Kinder gehen bewußt miteinander um (es gibt keine Außenseiter)	Ein Kind wird als Briefträger ausgewählt. Der Briefträger geht an die Steckleiste mit den Namenskärtchen. Er entnimmt der Steckleiste die Kärtchen, deren Schriftbild er erkennt. Er verteilt die „Briefe" an die jeweiligen Empfänger. Falsch zugestellte Briefe werden dem Lehrer ausgehändigt, der daraufhin einen anderen Briefträger auswählt.	Kinder kennen sich bereits mit Namen; Namenskärtchen müssen vorhanden sein; Kinder erkennen einige Schriftbilder.
	Besprechung des weiteren Tagesverlaufes.	Schüler haben bereits Symbole kennengelernt.

Morgenkreis, ca. 10 Minuten

Lehrerhinweise	Tafelbild
1. Zuerst rechnen wir miteinander.	bis
2. Große Pause	
3. Wir wollen Papier so falten, daß ein Huhn entsteht.	bis
4. Wir erfinden eine Geschichte und „lesen" sie.	bis
5. Wir bewegen uns auf dem Schulhof.	bis
6. Große Pause	
7. Wir hören eine Geschichte und sprechen darüber.	bis
8. Wir spielen gemeinsam.	bis

1. Arbeitsphase, Vorkurs Mathematik, ca. 20 Min.

Einprägen der Zahlwortreihe 1–10

Ziel: – Zählfertigkeit bewußt machen
– Aufeinanderfolge der Zahlwörter erkennen und üben
– Anbahnung der Zahlbegriffsbildung

Die Schüler verbleiben im Sitzkreis.

Alle Schüler werden zunächst zu Zählübungen aufgefordert. Zum Beispiel:
– zählt die Fenster
– zählt die Schülertische
– wer sagt mir, wieviele Stühle in der Klasse stehen?
– wieviele Mädchen sind heute hier?
– wieviele Jungen sind heute hier?
– wieviele Blumen stehen auf den Fensterbänken? (u. ä. Aufgaben).

Ich sehe einen Schreibtisch, eine Tür und zwei Tafeln
– was ist viermal im Klassenraum vorhanden?
– siehst du etwas, das fünfmal da ist?

Diese Übung läßt sich verändern, indem der Lehrer nonverbal auffordert:

Der Lehrer zeigt 3 Finger, 7 Finger … oder
eine Karte mit der Ziffer 4, 6 … bzw. schreibt
die Ziffer(n) an die Tafel.

Alle Schüler werden nun aufgefordert zu vergleichen:

– ich sehe einen Schreibtisch und eine Tür im Klassenraum; wer sieht zwei verschiedene Gegenstände, die je dreimal, fünfmal … im Klassenraum vorhanden sind?
– gibt es im Klassenraum mehr Tafeln oder mehr Regale?
– gibt es im Klassenraum weniger Tafeln oder weniger Regale?

Die Schüler setzen sich an ihre Plätze.
Es schließt sich eine Übungsfolge an, bei der sich die Schüler bewegen können.

– Der Lehrer läßt z. B. alle Schüler, die einen blauen Pullover tragen, nach vorn kommen. Die übrigen Schüler müssen herausfinden, was die vornstehenden Schüler Gemeinsames haben.
Die ausgewählten Schüler laufen durcheinander, die übrigen zählen die Umherlaufenden. Nachdem die Anzahl festgestellt wurde, erfolgt eine neue Übung.
– Alle Jungen mit braunen Schuhen laufen durcheinander und werden gezählt.
– Alle Mädchen mit Ohrringen laufen durcheinander und werden gezählt …
Lasse ich zum Schluß dieser Übungsreihe alle Schüler der Klasse durcheinanderlaufen, verbleibt kein Schüler zum Zählen.

Um herauszufinden, wieviele Kinder zuletzt gelaufen sind, muß eine Ordnung hergestellt werden. Wir bilden einen Stehkreis und zählen ab.

- Durchzählen
- einer zählt alle
- alle zählen gemeinsam.

Als Abschluß dieser Phase wird festgestellt, daß Gegenstände oder Personen gezählt worden sind, wobei sich die Personen zeitweilig bewegt haben.

Die Aufgabe: Wir wollen etwas zählen, was wir nicht sehen können, verblüfft die Kinder zunächst.

Wir spielen „Stille Post", heute einmal in folgender Weise:

Wir fassen uns an. Der Lehrer drückt mit seiner rechten Hand z. B. sechsmal die Hand des ihm benachbart stehenden Schülers. Dieser muß, ohne hinzusehen zählen, wie oft der Lehrer gedrückt hat. Er muß daraufhin genau so oft die Hand seines rechten Nachbarn drücken usw. Der Lehrer stellt fest, ob die „Post" richtig angekommen ist oder an welcher Stelle nicht richtig gezählt worden ist. Die Schüler erkennen, daß man auch zählen kann, was man fühlt.

Musischer Bereich, hier: Kunst, 45 Minuten

Während der Schulanfangsphase sollten im Fachbereich Kunst Techniken wie Kneten, Reißen, Falten, Schneiden, Kleben eingeführt und geübt werden. Falten nimmt unter den genannten Techniken insofern eine besondere Stellung ein, als sich der Ablauf in genau festgelegten Schritten vollzieht und in der Anfangsphase bzw. bei erstmaliger Aufgabenstellung gemeinsam durchzuführen ist. Begriffe wie Seite, Ecke, Faltkante, Diagonale können nicht als bekannt vorausgesetzt werden, sie bedürfen der Klärung. Insofern leistet dieser Unterricht auch vorbereitende Arbeit für den Mathematikunterricht. Insbesondere werden feinmotorische Fertigkeiten geübt.

Wir falten Hühner

Ziele: Die Begriffe Seite, Ecke und Faltkante werden handelnd erfahren.
Einheitliches Arbeitstempo wird als notwendig erkannt.
Daß durch Falten aus einem Blatt Papier Figuren oder Gegenstände hergestellt werden können, wird einsichtig.
Material: Der Lehrer sorgt dafür, daß für alle Schüler Faltpapier zur Verfügung steht, damit aufgrund der Materialvorgabe gleiche und zugleich für die Aufgabe optimale Voraussetzungen gegeben sind.

Wir wollen aus einem Blatt Papier ein Huhn falten. Ich habe das schon einmal probiert. Seht es euch bitte an.

Wir arbeiten gemeinsam und beobachten genau. Deshalb bilden wir einen Kreis und setzen uns auf den Fußboden. Jeder bekommt ein Blatt Faltpapier. Der Lehrer sitzt gleichfalls im Kreis. Der Arbeitsablauf vollzieht sich in festgelegten einzelnen Schritten. Der Lehrer beschreibt jeden Schritt, macht vor, was zu tun ist und läßt dann durch die Schüler nachvollziehen. Der Sitzkreis auf dem Fußboden ermöglicht am besten zu beobachten, was der Lehrer vormacht. Der Lehrer sieht sofort, wann ein Schüler Schwierigkeiten bekommt oder etwas falsch beginnt.

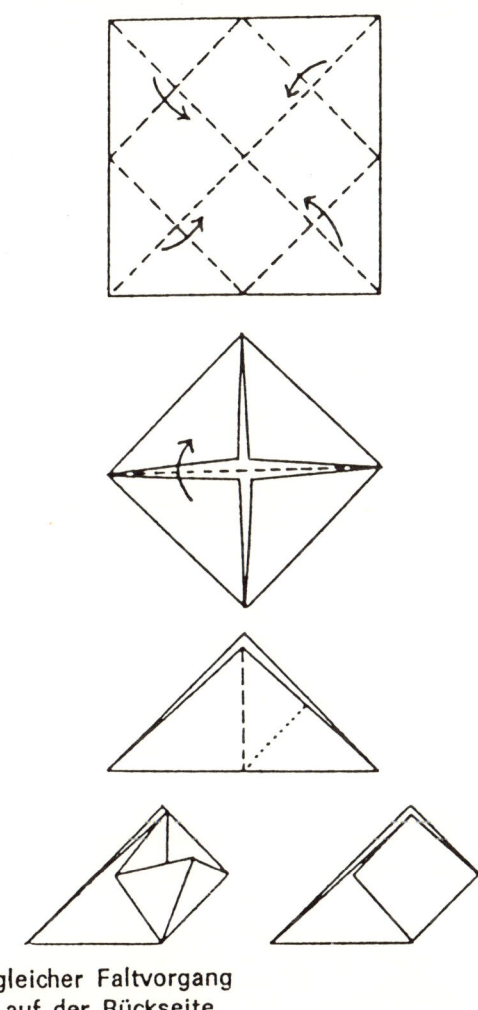

gleicher Faltvorgang
auf der Rückseite

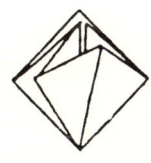 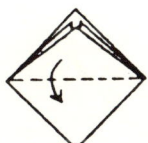 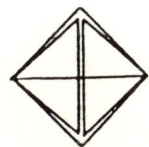

gleicher
Faltvorgang
auf der Rückseite

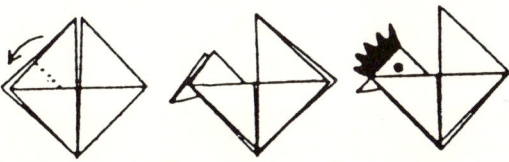

Aus: Mal- + Bastelstunde, Als-Verlag GmbH, Frankfurt

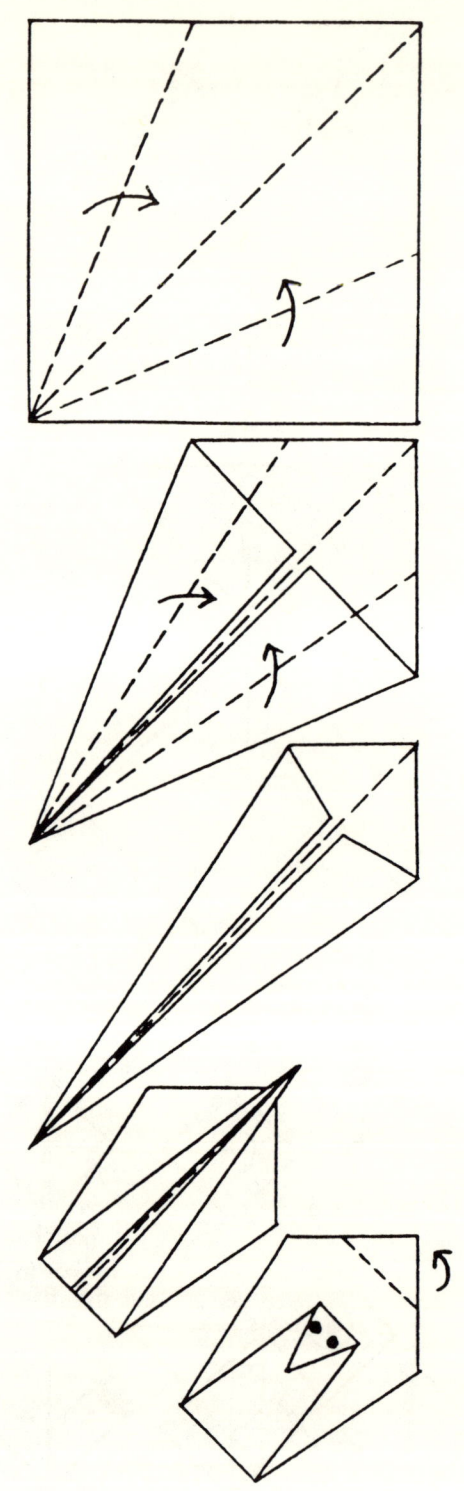

Aus: Mal- + Bastelstunde, Als-Verlag GmbH, Frankfurt

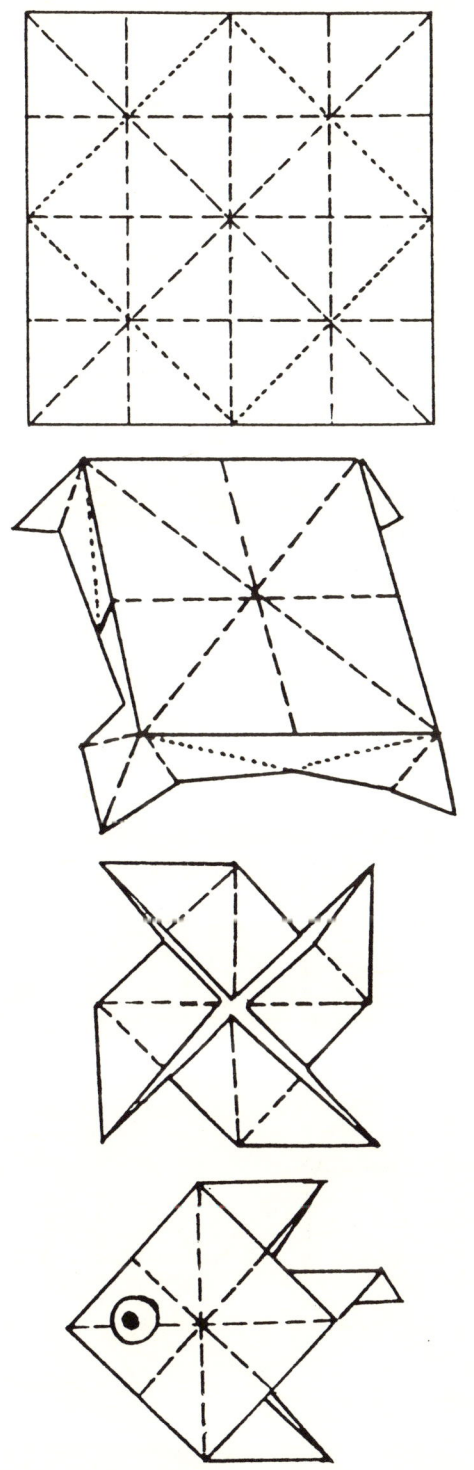

Aus: Mal- + Bastelstunde, Als-Verlag GmbH, Frankfurt

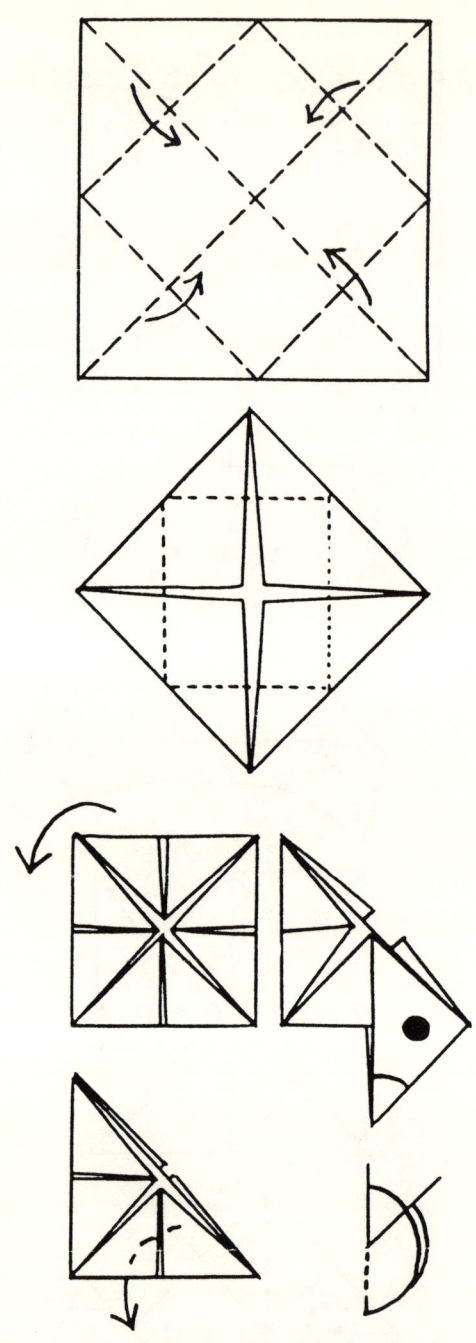

Aus: Mal- + Bastelstunde, Als-Verlag GmbH, Frankfurt

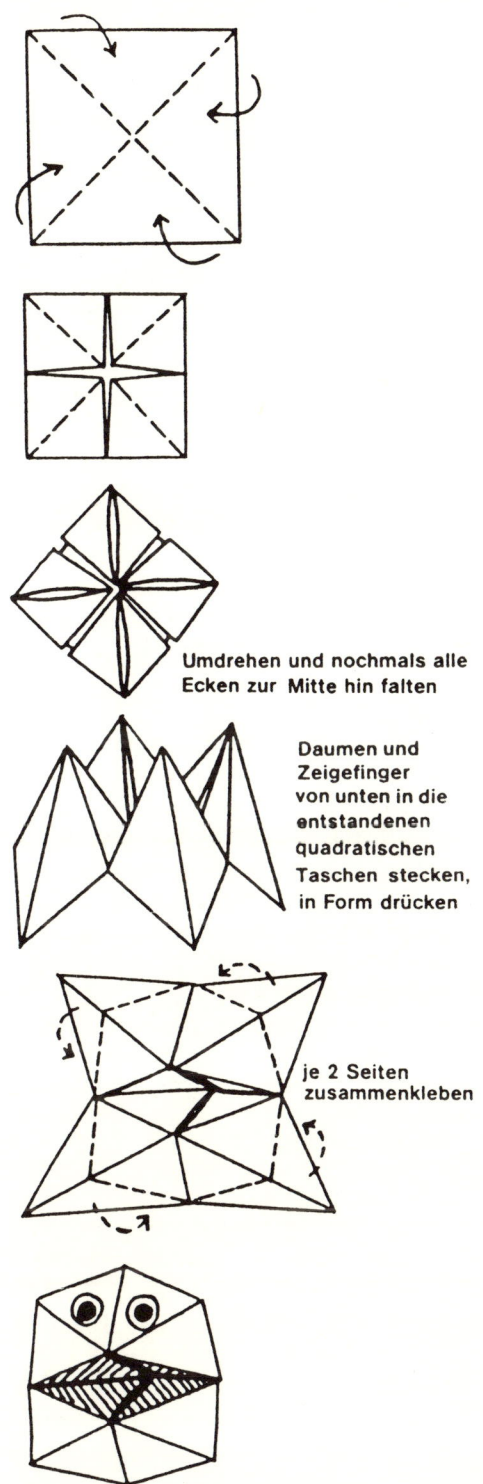

**Umdrehen und nochmals alle
Ecken zur Mitte hin falten**

**Daumen und
Zeigefinger
von unten in die
entstandenen
quadratischen
Taschen stecken,
in Form drücken**

**je 2 Seiten
zusammenkleben**

Aus: Mal- + Bastelstunde, Als-Verlag GmbH, Frankfurt

Nach Beendigung der Faltarbeit gehen die Schüler an ihre Plätze zurück. Hier wird die Arbeit beendet, indem die Schüler Schnabel, Kamm und Augen aufkleben. Dazu hat der Lehrer Streifen aus rotem Tonpapier vorbereitet, aus denen die Schüler Schnabel und Kamm ausschneiden. Für die Augen eignen sich Klebepunkte.

Nach dieser gemeinsam durchgeführten Arbeit erhält jeder Schüler ein zweites Blatt Faltpapier in kleinerem Format und soll in Einzelarbeit ein zweites Huhn falten. Diese Aufgabe fordert dazu heraus, sich innerhalb der Tischgruppe gegenseitig zu helfen. Nur wenige Schüler bedürfen der direkten Hilfe durch den Lehrer.

Von den fertiggestellten Hühnern nimmt jeder Schüler das gelungenste mit nach Hause, um den Eltern zu zeigen, was in der Schule getan wurde. Einem ist das größere Huhn am besten gelungen, einem anderen das kleinere. So bleibt eine Sammlung von großen und kleinen Hühnern übrig, die in der Klasse zu einem Hühnerhof zusammengestellt werden. Der Sandkasten kann für Zeit dafür benutzt werden oder ein Schülertisch. Mit grünem Kreppapier überzogen wird er zur Wiese, die den Hühnern als Auslauf dient.

In Kunst sollte in den ersten 6 Wochen über den Gebrauch bzw. den Erwerb von Fertigkeiten auf die fachbezogene Zielsetzung und Aufgabenstellung vorbereitet werden. Notwendig verbindet sich damit, daß die Kinder erfahren, mit Material umzugehen. Auch in diesem Teilbereich lassen sich gezielt Schülerbeobachtungen bezüglich der Schulfähigkeit anstellen. Insbesondere:

– Ist der Bewegungsablauf gestört?
– Zeigen sich Störungen beim Zeichnen vorgegebener Symbole?
– Zeigen sich Störungen beim Malen oder Übermalen vorgegebener Formen?
– Kann das Kind Farben unterscheiden und benennen? Ist es evtl. farbenblind?
– Versteht das Kind die Aufgabe, die für die Lerngruppe gestellt wird oder bedarf es der Einzelansprache?
– Zeigt sich das Kind beim Lösen der Aufgabe einfallsreich?
– Ist es ausdauernd und belastbar?
– Ist es ablenkbar? Durch welche Einflüsse?
– Sind Interessenschwerpunkte erkennbar?

Der Grad der Beherrschung folgender Fertigkeiten gibt dem Lehrer zudem Aufschluß über fachspezifische Voraussetzungen der einzelnen Kinder.

Kneten:

Mögliche Aufgaben	Materialien
– Wir kneten eine Schnecke	Knetmasse, ...
– eine Schale	Unterlage mit fett-
einen Korb	abweisender Oberfläche
eine Tasse	
einen Becher	
einen Zopf	
Brezeln	

Reißen:

Mögliche Aufgaben	Materialien
– Schnipselmosaik nach vorgegebenen Umrissen – Schnipselmosaik in freier Gestaltung – Kügelchen aus Seidenpapier herstellen und daraus ein Mosaik kleben	Buntpapier, Seidenpapier, Klebstoff, Zeichenpapier, Unterlage für die Klebearbeiten. Zu klärende Begriffe: Buntpapier, Seidenpapier. Mosaik wird zunächst nicht als Begriff verwendet.

Kleben:

Mögliche Aufgaben	Materialien
Die Schüler müssen Klebestifte und Flüssigkeitskleber unterscheiden lernen. Sie müssen den sachgerechten Umgang mit diesen Materialien üben und dabei erfahren, daß – eine geringe Menge an Klebemasse (punktuell aufgetragen) ausreicht, die gewünschte Wirkung zu erzielen – eine Tube sofort nach Benutzung wieder zu schließen ist – der Klebestift ohne starken Druck über das Papier zu führen ist – Klebearbeiten auf einer Unterlage durchzuführen sind.	Klebestifte, Flüssigkleber

Schneiden:

Mögliche Aufgaben	Materialien
– ein Blatt Papier in 2 Teile schneiden – ein gefaltetes Blatt Papier entlang der Faltlinie schneiden – Balkenüberschriften aus der Zeitung ausschneiden – Bilder aus Katalogen oder Prospekten ausschneiden – einfache Tier- und Pflanzenformen nach Vorgabe ausschneiden und als Gemeinschaftsarbeit aufkleben – ein DIN-A-4-Blatt in gleich breite Streifen schneiden und daraus eine Hexentreppe falten – Spiralen schneiden und als Mobile verwenden – Papier falten und Deckchen daraus schneiden	Schere, Zeitung, Tonpapier, Zeichenpapier, Kataloge, Prospekte, Tapetenreste, Kreppapier

Falten:

Mögliche Aufgaben	Materialien
– einen Hut falten – Schiffchen in unterschiedlicher Größe falten – Trinkbecher falten – Häuser falten – Schachteln falten – vgl. „Musischer Bereich, hier: Kunst"	Zeitung, Faltpapier, Geschenk- papier, Schere, Klebstoff

Malen:

Mögliche Aufgaben	Materialien
– Zuckertüten malen – Haus nach Diktat malen (Farbtüchtigkeit beob- achten) – Auf dem Spielplatz – Drachen malen – Laternen malen – Blätter färben sich	Wachsmalstifte Zeichenblock Buntstifte Fingerfarben

Drucken:

Mögliche Aufgaben	Materialien
– Schlange drucken (Fingerdruck) – Muster erfinden (Korkendruck in Partnerarbeit) – Teppich für die Puppenstube (Kartoffeldruck in Gruppenarbeit) – Ameisenhaufen (Faltkantendruck) – Igel (Faltkantendruck)	Papier, Korken, Kartoffeln, Messer, Deckfarben, Pinsel

Mit Schablonen umgehen:

Mögliche Aufgaben	Materialien
– Muster mit Hilfe der Schablone zeichnen	Schablone, Buntstifte, Bleistifte

2. Arbeitsphase, Vorkurs Lesen und Schreiben, ca. 30 Min.

Sprache ist gegliedert.
Ziele: Kinder sollen hören, daß Sprache gegliedert ist.
       Kinder sollen sehen, daß Sprache gegliedert ist.

Material: Muggelsteine oder Plättchen, vorbereitetes Arbeitsblatt, Schere

Zu Beginn dieser Phase singen wir:
   „Drei Chinesen mit dem Kontrabaß". Wir beschränken uns heute auf das Einsetzen von o und i.
   Die Schüler merken, daß durch den Austausch der Vokale Sprache verändert wird. Sie merken auch, daß die so veränderte Sprache keinen Sinn mehr ergibt, aber es macht Spaß.
   Nach dieser Einstimmung bietet sich z. B. folgende Übung an:
   Wir erfinden eine Geschichte.

L.   Sven hat eine ...
Sch. Schwester, Nase, Oma, Mutter, Eisenbahn, Lehrerin, Wurst, Brille
L.   Ihr habt so viel genannt, das müssen wir noch einmal wiederholen.
     Ich fange an:
     Sven hat eine Schwester. Was sagtest du noch?
Sch. Sven hat eine Nase.
     Sven hat eine Oma ...
L.   Jetzt ist mir wieder eingefallen, was ich vorhin sagen wollte.
     Sven hat eine Katze.
     Die Katze fängt ...
Sch. eine Maus, einen Fisch, eine Fliege, einen Vogel
L.   Die Katze fängt eine Maus.
     Die Maus legt sie ...
Sch. auf den Teppich, vor Svens Bett, vor die Tür, auf die Treppe
L.   Die Maus legt sie vor Svens Bett.
     Sven ruft erschrocken ...
Sch. pfui, i, was ist denn das? Mama
L.   Sven ruft erschrocken: Mama!

Die Geschichte wird von den Kindern nun im Zusammenhang wiederholt; gegebenenfalls mit gegenseitiger Hilfe.
   Danach sagt der Lehrer jeden Satz einzeln. Die Schüler legen für jedes gehörte „Wort" einen Muggelstein oder ein Plättchen auf den Tisch. Der Lehrer überprüft das Ergebnis und läßt einzelne Schüler den Satz wiederholen, wobei sie bei jedem Wort auf den dazugehörenden Muggelstein zeigen.
   Nicht alle Schüler haben die richtige Anzahl von Muggelsteinen gelegt.
   Folgende Möglichkeiten sind denkbar:

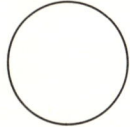 Sven hat eine Katze

Dieser Schüler hat einen Muggelstein für den ganzen Satz gelegt. Er erfaßt den Satz ganzheitlich und vermag die Redeteile noch nicht voneinander abzuheben. Die Durchgliederung der Satzgestalt ist ihm noch nicht möglich.

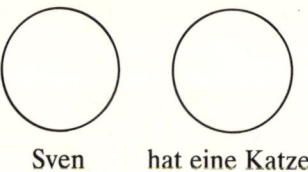

Sven   hat eine Katze

Dieser Schüler hat nur Muggelsteine für die Wörter gelegt, die für ihn Bedeutung haben. Erste Ansätze zur Durchgliederung der Satzgestalt sind vorhanden. Der Schüler kann aber noch nicht jedes Wort im Satz gleichmäßig berücksichtigen.

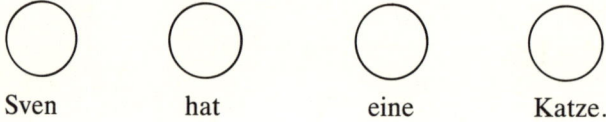

Sven   hat   eine   Katze.

Diese richtige Lösung zeichnet der Lehrer an die Tafel und läßt mehrere Schüler den Satz sprechen und dabei an der Tafel die jeweils zugehörigen Muggelsteine zeigen. Alle Schüler legen auf ihren Tisch 4 Muggelsteine als erste Zeile. In gleicher Weise wird mit den anderen Sätzen verfahren. Sind alle vier Zeilen gelegt, wird die Geschichte im Zusammenhang „gelesen", und alle Schüler zeigen mit. Der Lehrer hat erkannt, daß die Fähigkeiten seiner Schüler zur Durchgliederung der Sprache unterschiedlich weit entwickelt sind. So wird er für die nächsten Tage weitere Übungen einplanen.

Die Muggelsteine werden in die auf den Gruppentischen stehende Materialschale gelegt, und jeder Schüler nimmt sich ein vorbereitetes Arbeitsblatt (vgl. S. 95).

Die Schüler „lesen" den ersten Satz und erkennen die vier Wörter. Die Schüler betrachten die Bilder auf dem rechten Teil des Blattes und sagen, was sie erkennen. Einige Schüler wissen schon, was getan werden soll und nennen einige Beispielsätze. Danach werden die Bilder ausgeschnitten und so in die freien Felder gelegt, daß Sätze „gelesen" werden können. Daß verschiedene sinnvolle Lösungen möglich sind, wird den Kindern deutlich, wenn Beispiele „vorgelesen" werden. Jedes Kind legt schließlich die Satzbilder, die ihm am besten gefallen. Zu Hause werden die Bilder aufgeklebt und angemalt (Differenzierungsmöglichkeit s. S. 96).

Bewegungsphase, ca. 15 Minuten

Die Schüler bedürfen nach dieser zweiten Arbeitsphase notwendig der Bewegung, die hier mit mehrfacher Zielsetzung durchgeführt wird:

– durch Bewegung Entspannung ermöglichen und Freude auslösen
– soziale Kontakte in anderen Gruppierungen ermöglichen

hat eine

hat eine

hat eine

hat eine

hat eine

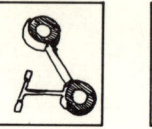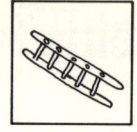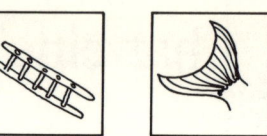

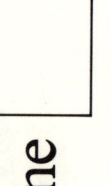 Der 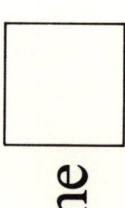 hat eine

Der 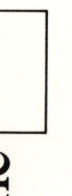 hat eine

Der 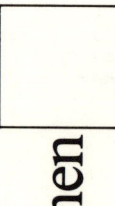 hat einen

Der 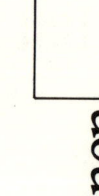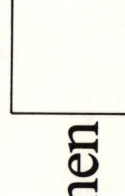 hat einen

– Anregungen für freies Spielen in den Pausen bzw. während der Freizeit geben
– die mathematischen Vormittagsübungen mit der kindlichen Umwelt verbinden

Da für diese Phase nur 15 Minuten vorgesehen sind, werden vorwiegend Übungen gewählt, bei denen auf die Benutzung von Geräten verzichtet werden kann. Wenn es das Wetter zuläßt, gehen wir auf den Schulhof bzw. auf die Spielwiese. Bei schlechtem Wetter ist die Bewegungsphase auch in der Pausenhalle bzw. im Klassenraum durchführbar.

Geeignet sind folgende Übungen:
– klatscht viermal in die Hände
– klatscht die Hände sechsmal über dem Kopf zusammen
– klatscht die Hände dreimal hinter dem Rücken zusammen
– wendet euch dem Partner zu und klatscht die rechten Hände dreimal gegeneinander, die linken fünfmal, beide Hände siebenmal
– macht zehnmal den Hampelmann
– hüpft abwechselnd dreimal auf dem rechten und dreimal auf dem linken Bein
– lauft durcheinander, wenn ich auf das Tamburin schlage, faßt ihr euch zu zweit (dritt ...) an
– wer kommt mit 6, ... Schritten am weitesten
– wieviele Schritte brauchst du bis ...
– eine vorgegebene Entfernung mit 5, 7, 9 möglichst gleichen Schritten überwinden
– Spiel: Mutter, wie weit darf ich reisen? (vgl. S. 141)

3. Arbeitsphase, Religion, ca. 25 Minuten

Im Religionsunterricht, insbesondere während der Schulanfangsphase, sollte der Lehrer seinen Schülern zunächst Geschichten erzählen, die noch keinen unmittelbaren Bezug zur Bibel haben, vielmehr anthropologische Grundfragen wie Angst, Kummer, Traurigkeit, Liebe, Vertrauen ... ansprechen. Um die Beziehung zwischen Lehrer und Schüler möglichst eng zu knüpfen, ist es wichtig, daß der Lehrer erzählt, statt vorzulesen. Beim Erzählen gilt es, eine sprachliche Diktion zu wählen, die dem Schüler Verstehen ermöglicht. Grunderfahrungen macht das Kind in seiner gewohnten Lebenswelt, deshalb ist durch eine Rahmenerzählung eine nachvollziehbare Ausgangs- bzw. Fragesituation zu schaffen. Erst wenn die Frage nachempfindbar ist, wird auch die Antwort möglich. In der Rahmenerzählung soll sich das Kind mit dem „Rahmenkind" identifizieren können, damit es die Antwort als seine (echte) Antwort versteht. Der Erzähler schafft theologisch und ideologisch Freiraum für eine subjektive Antwort. Antwort soll also nicht absolute Wahrheit, sondern persönliche Überzeugung sein und kann deshalb glaubhaft werden. Die Antwort kann von Schülern abgewandelt werden. Sie bleibt so lange eine gültige Antwort, wie sie theologisch und pädagogisch verantwortbar ist. Die Kinderfrage in der Erzählung ist sowohl Vorwegnahme (nicht jedes Kind hat Fragen) als auch Identifikationsangebot (wer so fragt, denkt und fragt wie ich auch fragen würde).

Hans Heinrich Strube hat in „Der sprechende Esel", dem ersten Band seiner Geschichten zur Bibel, Patmos-Verlag 1983, beispielhaft Geschichten aufgeschrieben, die zum Miterleben und Nachdenken auffordern.

Die Geschichte „Eine Engelmauer" ist Thema dieser Arbeitsphase.

Ziele: Erfahren, daß man Angst haben darf und sich deshalb nicht zu schämen braucht.

Aufgrund eigener Erfahrungen Angst verbalisieren können.

Möglichkeiten kennenlernen, unnötige Ängste zu bewältigen.

Die Schüler bilden einen Sitzkreis und nehmen ihre angefertigte Hausaufgabe mit. Diese bestand darin, zu dem Thema „Da hatte ich große Angst" ein Bild zu malen. Einige Schüler beschreiben die auf ihrem Bild dargestellte Situation.

In einem sich anschließenden Gespräch wird geklärt, ob die Kinder das Erlebte für sich behielten oder es anderen mitgeteilt haben. Sich anderen mitteilen bedeutet zugleich auch, Angst zu verbalisieren. Das ist der erste Schritt, sich mit der Situation, in der Angst erlebt wurde, auseinanderzusetzen. Eine verständnisvolle Reaktion der anderen hilft, die Situation bewußt zu erkennen und damit zwischen wirklicher und vorgestellter Bedrohung unterscheiden zu können. Die Schülerzeichnungen werden an die Wand gehängt. Der Lehrer läßt dabei nach wirklicher und vorgestellter Bedrohung gruppieren, zunächst lediglich durch jeweilige Hinweise an die Schüler, wohin sie ihr Bild hängen sollen. (In der folgenden Religionsstunde soll den Schülern bewußt gemacht werden, warum die Bilder zu zwei Gruppen aufgehängt worden sind.)

Der Lehrer erzählt die Geschichte „Eine Engelmauer" von Hans Heinrich Strube.

Gezielte Aufgabenstellung
Ankes Ferienerlebnisse

Sch. Anke verreist zu Oma und Opa.
Oma und Opa wohnen auf dem Land.
Oma beschützt Anke vor dem Hund.
Opa verjagt den Jungen, der Anke mit Sand werfen wollte.
Oma und Opa können alles.
Oma und Opa haben Anke lieb.
Anke braucht keine Angst zu haben.
Anke hat aber doch Angst.
Ja, nachts, wenn Anke mal wach war und nicht gleich wieder einschlafen konnte.

Es werden von den Kindern jetzt eigene Erfahrungen und Erlebnisse berichtet, weil Ankes Vorstellungen für sie nachvollziehbar sind.

L. Ihr habt mir erzählt, wie ihr nachts Angst hattet und schließlich doch eingeschlafen seid.
Ich habe euch erzählt, wie Anke Angst hatte und sie schließlich nicht mehr zu haben brauchte.

Sch. Opa hat Anke ein Gedicht von Engeln gesagt.
Die stehen um Anke herum.
Wie eine Mauer!
Die Gespenster können nicht hindurch.
Anke braucht vor Gespenstern keine Angst mehr zu haben.

L. Ich sage euch das Gedicht noch einmal. Schließt die Augen, damit ihr euch die Engelmauer gut vorstellen könnt.

Spielphase, ca. 15 Minuten

Wir spielen im Klassenraum „Ich sehe was, was du nicht siehst".

Ziele: Entspannt und richtig zum Tagesabschluß miteinander umgehen.
Aufmerksam und konzentriert nach den bekannten Regeln spielen.

Die Schüler verbleiben im Sitzkreis (Gefühl der Zusammengehörigkeit, Zeitsparnis).

L.   Ich sehe was, was du nicht siehst, und das ist grün
Sch. der grüne Buntstift ...
L.   nein!
Sch. Saschas Pullover
L.   nein!
Sch. die Blumen
L.   nein!
Sch. der Baum auf dem Bild
L.   nein!
Sch. die Tafel
L.   ja! Nun bist du an der Reihe.
Sch. Ich sehe was, was du nicht siehst, und das ist rot.

Das Spiel kann beliebig lange fortgeführt werden.

Gemeinsamer Tagesabschluß

Fünf Minuten vor Schluß des Unterrichtsvormittags singen wir gemeinsam: „Was tun wir denn so gerne hier im Kreis?"

2. |: Klatschen, klatschen, pitsche, pitsche, patsch! :|
3. |: Spielen, spielen, plom, plom, plom, plom, plom! :|
4. |: Flöten, flöten, didel, dideldum! :|
5. |: Drehen, drehen, immer rundherum! :|
6. |: Wackeln, wackeln, wickel, wickel, wack! :|
7. |: Tanzen, tanzen, hopphopphopphopphopp! :|
8. |: Fallen, fallen, fidi, fidibums! :|

Teil A: Angefaßt im Kreis gehen; bei Takt 8 Blick zur Mitte, Fassung lösen

Teil B: 1. Strophe: Im Stand Arme vor- und rückwärts schwingen.
2. Strophe: Im Stand klatschen.
3. Strophe: In der Hocke Xylophonspiel nachahmen.
4. Strophe: Im Stand Flötenspiel nachahmen.
5. Strophe: Am Platz drehen.
6. Strophe: Wackeln.
7. Strophe: Seitgalopp, angefaßt, beim 2. Teil des Kehrreims Richtungswechsel.
8. Strophe: Gehen im Kreis. Beim letzten „bums" rückwärts hinfallen.

Die Kinder tragen ihren Stuhl an den Tisch zurück, überprüfen, ob der Ranzen gepackt und verschlossen ist und der Platz sauber verlassen werden kann.

Der Lehrer sagt an, welche Hausaufgaben für morgen zu erledigen sind (wiederholende Zusammenfassung) und was für den nächsten Schultag zu beachten und mitzubringen ist.

Danach verabschieden wir uns.

Wird für die Spielphase einmal ein längerer Zeitraum eingeplant, um Kinder z. B. mit den Spielregeln ausgewählter Gesellschaftsspiele bekanntzumachen, empfiehlt es sich, Eltern als Helfer einzubeziehen.

Musischer Bereich

Die Bedeutung des musischen Bereichs innerhalb des Schulalltags ist heute allseits anerkannt und pädagogisch legitimierbar und begründbar.

Für die Entwicklung der Ich-Stabilität und damit für die Persönlichkeitsfindung ist der musische Bereich unverzichtbar. Er hilft,

- sich in der Schule wohlzufühlen
- Freude am Leben in der Schule zu empfinden
- Selbstbewußtsein durch Erfolgserlebnisse zu fördern
- Selbstvertrauen zu entwickeln und zu stärken
- einander schneller und besser kennenzulernen
- Zusammengehörigkeitsgefühl zu empfinden
- richtig miteinander umzugehen, indem Situationen geschaffen werden bzw. sich ergeben, die richtiges Miteinanderumgehen erfordern.

Diesen Schwerpunkten wird im Musischen in besonderem Maße Rechnung getragen. In Musik und Kunst gilt es aber auch, fachspezifischen Anforderungen gerecht zu werden.

Es soll an dieser Stelle nicht weiter auf Ziele und Aufgaben eingegangen werden, weil es unser Anliegen ist, Hilfen für die Gestaltung der Schulanfangsphase zu geben. (Wir verweisen auf die entsprechenden Richtlinien der Bundesländer.)

Auswahl von Bewegungs- und Spielliedern für das 1. Schuljahr

Guten Morgen, guten Morgen, wir nicken uns zu!
Guten Morgen, guten Morgen, erst ich und dann du!

Guten Morgen, guten Morgen, wir winken uns zu!
Guten Morgen, guten Morgen, erst ich und dann du!

Guten Morgen, guten Morgen, wir lachen uns zu!
Guten Morgen, guten Morgen, erst ich und dann du!

Zwei Kinder stehen einander gegenüber und gucken sich an.
1. Strophe: – bei „wir nicken uns zu" nicken sich beide Kinder zu
– bei „erst ich und dann du" nicken sie ebenfalls und zeigen dabei auf die besungene Person
2. u. 3. Strophe: der 1. Strophe entsprechend „winken" bzw. „lachen"

Text: Rolf Krenzer

Ich bin so gern bei dir! Ich bin so gern bei
dir! Drum gehe ich jetzt auf dich zu, dann
bist du nah' bei mir, dann bist du nah' bei mir

1. Ich bin so gern bei dir!
   Ich bin so gern bei dir!
   Drum gehe ich jetzt auf dich zu,
   dann bist du nah' bei mir,
   dann bist du nah' bei mir.

2. Ich geb' dir meine Hand.
   Ich geb' dir meine Hand.
   Und wenn wir zwei zusammen stehn,
   dann sind wir gleich bekannt,
   dann sind wir gleich bekannt.

3. Ich geb' dir meinen Arm.
   Ich geb' dir meinen Arm.
   Und wenn wir zwei zusammen gehn,
   dann wird es mir ganz warm,
   dann wird es mir ganz warm.

4. Komm, leg' den Arm um mich!
   Komm, leg' den Arm um mich!
   Und wenn wir zwei zusammen gehn,
   weißt du, dann freu' ich mich,
   weißt du, dann freu' ich mich!

5. So tanze ich mit dir.
   Und so tanzt du mit mir.
   Und alle Leute, die das sehn,
   die machen's so wie wir,
   die machen's so wie wir!

Zwei Kinder stehen sich gegenüber (bilden ein Paar)
1. Strophe: Die beiden Kinder gehen mit offenen Armen aufeinander zu und bleiben
   beieinander stehen.
2. Strophe: Sie fassen sich mit beiden Händen an und singen dazu.
3. Strophe: Sie „haken sich ein" wie die Erwachsenen und gehen auf der Kreisbahn.
4. Strophe: Sie legen den Arm um die Schulter des anderen und gehen auf der Kreisbahn.
5. Strophe: Sie fassen sich mit beiden Händen an und hüpfen im Kreis herum.

Text: Rolf Krenzer   Musik: Ludger Edelkötter

③

1. Wenn ich glück-lich bin, weißt du was?
Ja, dann hüpf ich wie ein Laub-frosch durch das Gras.
Sol- che Sa-chen kom-men mir so in den Sinn,
wenn ich glück-lich bin, glück-lich bin.

2. Wenn ich wütend bin, sag ich dir,
ja, dann stampf und brüll ich wie ein wilder Stier.
Solche Sachen kommen mir so in den Sinn,
wenn ich wütend bin, wütend bin.

3. Wenn ich albern bin, fällt mir ein,
ja, dann quiek ich manchmal wie ein kleines Schwein.
Solche Sachen kommen mir so in den Sinn,
wenn ich albern bin, albern bin.

4. Wenn ich traurig bin, stell dir vor,
ja, dann heul ich wie ein Hofhund vor dem Tor.
Solche Sachen kommen mir so in den Sinn,
wenn ich traurig bin, traurig bin.

5. Wenn ich fröhlich bin, hör mal zu,
ja, dann pfeif ich wie ein bunter Kakadu.
Solche Sachen kommen mir so in den Sinn,
wenn ich fröhlich bin, fröhlich bin.

Für die Adjektive werden Bewegungen vereinbart, z.B.
glücklich = klatschen
wütend = mit den Füßen aufstampfen
albern = hi, hi, hi kichern
traurig = stumm bleiben mit traurigem Blick
fröhlich = 1× in die Höhe hüpfen
Diese Bewegungen werden in den Pausen ausgeführt, d.h.
Wenn ich glücklich bin (3× klatschen)
weißt du was? (3× klatschen, Pause)
Ja, dann hüpf ich wie ein Laubfrosch durch das Gras. (3× klatschen, Pause)
Solche Sachen kommen mir nur in den Sinn (3× klatschen)
wenn ich glücklich bin (3× klatschen)
glücklich bin (3× klatschen, Pause)

4

Herr Uklatsch ist ein dicker Mann, der sich kaum bewegen kann, Herr
Uklatsch ist ein dik-ker Mann, der sich kaum bewe - gen kann, von
vor-ne nach hin-ten, von links nach rechts, von vor-ne nach hin-ten, von
links nach rechts, von links nach rechts.

2. Steigt Uklatsch in die Straßenbahn, dann fängt sie schon zu wackeln an – von vorne nach hinten, von links nach rechts.

3. Zieht Uklatsch neue Jacken an, dann bleiben keine Knöpfe dran – von vorne nach hinten, von links nach rechts.

4. Herrn Uklatsch war die Hos zu eng, beim Bücken machte es dann: peng – von vorne nach hinten, von links nach rechts.

5. Und plötzlich rennt Herr Uklatsch los und runter rutscht die ganze Hos – von vorne nach hinten, von links nach rechts.

6. Er rennt um viele Ecken rum, ein Polizist guckt auch ganz dumm – von vorne nach hinten, von links nach rechts.

7. *(langsam)* Jetzt macht Uklatsch ne Hungerkur und ißt das halbe Essen nur. – *(immer schneller werden)* Von hinten nach vorne, von rechts nach links.

> Der erste Teil jeder Strophe wird ohne Bewegung gesungen, jedoch stehen die Kinder dabei. Bei „von vorne nach hinten, von links nach rechts" bewegt man den Oberkörper entsprechend und stützt dabei die Hände in die Hüften.
> Achtung: Bei Strophe 7 ändert sich die Bewegungsrichtung!

Text: H.-J. Netz   Melodie: P. Janssens

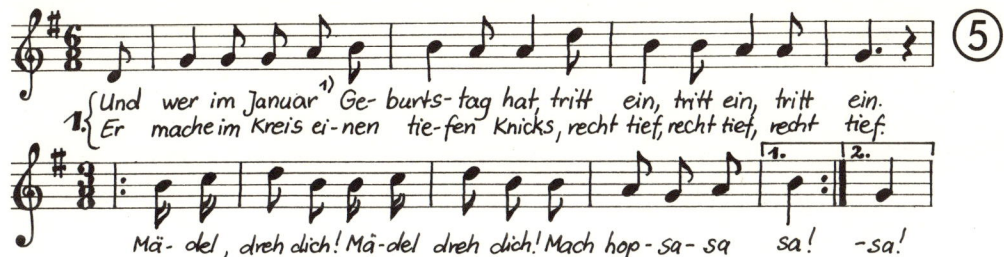

⑤

Und wer im Januar [1] *Ge-burts-tag hat, tritt ein, tritt ein, tritt ein.*
1. *Er mache im Kreis ei-nen tie-fen Knicks, recht tief, recht tief, recht tief.*

Mä-del, dreh dich! Mä-del dreh dich! Mach hop-sa-sa sa! -sa!

1) Februar, März usw.

Die Kinder stehen im Kreis. Die Aufgerufenen treten in die Mitte und machen drei tiefe Knickse oder Verbeugungen. Bei „Mädel, dreh dich!" tanzen sie, während die Kreiskinder im Takt klatschen.

Aus: Richard Rudolf Klein. Willkommen, lieber Tag (Band 1). Diesterweg-Verlag, Frankfurt

⑥

1. *Dorn-rös-chen war ein schö-nes Kind, schö-nes Kind, schö-nes Kind. Dorn-*

rös-chen war ein schö-nes Kind, schö-nes Kind.

        2. Dornröschen, nimm dich ja in acht!
        3. Da kam die böse Fee herein.
Böse Fee: 4. „Dornröschen, du mußt sterben."
        5. Da kam die gute Fee herein.
Gute Fee: 6. „Dornröschen, schlafe hundert Jahr."
        7. Da wuchs die Hecke riesengroß.
        8. Da kam ein junger Königssohn.
Königssohn: 9. „Dornröschen, wache wieder auf."
    10. Da feierten sie das Hochzeitsfest.

Kreisspiel mit pantomimischer Darstellung. Dornröschen bewegt sich in der Kreismitte. Böse Fee, gute Fee, Königssohn stehen eventuell außerhalb.

Aus: Richard Rudolf Klein. Willkommen, lieber Tag (Band 1). Diesterweg-Verlag, Frankfurt

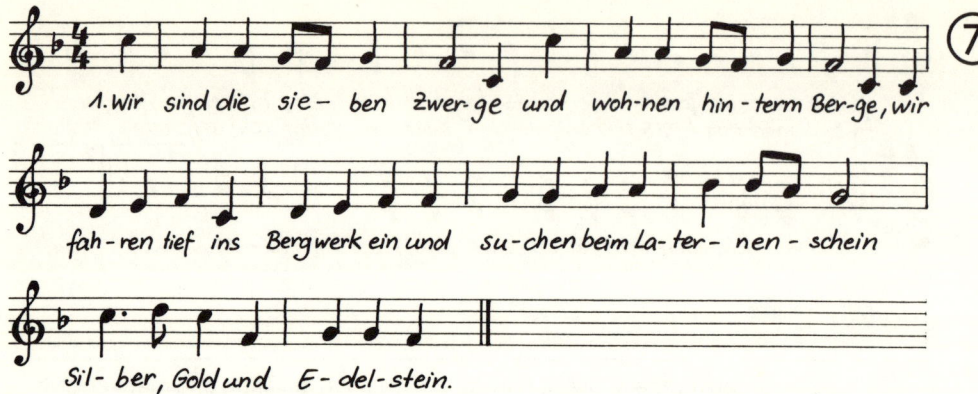

1.Wir sind die sie- ben Zwer-ge und woh-nen hin-term Ber-ge,wir

fah-ren tief ins Bergwerk ein und su-chen beim La-ter- nen-schein

Sil- ber, Gold und E- del-stein.

2. Im Wald bei Has' und Mäuslein
   steht unser kleines Häuslein.
   Wir haben sieben Tellerlein,
   dazu auch sieben Bettchen fein,
   alles ist ganz klitzeklein.

3. Schneewittchen kocht das Süppchen
   und putzt und fegt das Stübchen.
   Wir nehmen es in unsre Hut,
   daß keines ihm ein Leid antut,
   sind ihm ja von Herzen gut.

Spiellied mit pantomimischer Darstellung. Entweder werden sieben Kinder
gewählt, die sich der Größe nach aufstellen, oder die ganze Klasse spielt die
Zwerge. (Viel Spaß für die Kinder: Wer steht wo im Klassenverband?)

Text und Melodie: Hans Poser. Fidula-Kassette 14. Fidula-Verlag, Boppard/Rhein und Salzburg

Teil A

Wir schlie-ßen das Tor, wir öff-nen das Tor, die (Name)...und die

...... die tre-ten her- vor.

Teil B

Hei - ßa durch die lan-ge Rei-he, al- le an-dern müs-sen stehn,

hei - ßa durch die lan-ge Rei-he, nun auf Wie-der- sehn.

Aufstellung:	Gasse, beide Reihen sind durchgefaßt. Die Kinder stehen paar-weise gegenüber.

Teil A:

Takt 1–2:	Mit 4 Schritten aufeinander zugehen, die Arme zum Tor heben.
Takt 3–4:	Auf demselben Weg zurück.
Takt 5–8:	Der Lehrer ruft 2 sich gegenüberstehende Kinder auf, die sich mit gefaßten Händen an den Anfang der Gasse stellen.

Teil B:

Takt 1–4:	Beide tanzen im Seitgalopp durch die Gasse.
Takt 5–8:	Ebenso zurück, verabschieden, als erstes Paar in die Gasse zurücktreten.

Alle anderen Kindern klatschen während Teil B.

Von Thilde Lorenz. Fidula-Kassette 14. Fidula-Verlag, Boppard/Rhein und Salzburg

9

1.-8. Was tun wir denn so ger-ne hier im Kreis, was tun wir denn so ger-ne hier im Kreis: 1. Sin-gen, sin-gen, la - la- la- la- la, sin-gen, sin-gen, la-la-la-la- la!

2. |: Klatschen, klatschen, pitsche, pitsche, patsch! :|
3. |: Spielen, spielen, plom, plom, plom, plom! :|
4. |: Flöten, flöten, didel, dideldum! :|
5. |: Drehen, drehen, immer rundherum! :|
6. |: Wackeln, wackeln, wickel, wickel, wack! :|
7. |: Tanzen, tanzen, hopphopphopphopphopp! :|
8. |: Fallen, fallen, fidi, fidibums! :|

Teil A:	Angefaßt im Kreis gehen, bei Takt 8 Schlußsprung, Front zur Mitte, Fassung lösen.
Teil B:	1. Im Stand Arme vor- und rückwärts schwingen.
	2. Im Stand klatschen.
	3. In der Hocke Xylophonspiel nachahmen.
	4. Im Stand Flötenspiel nachahmen.
	5. Am Platz drehen.
	6. Wackeln.
	7. Seitgalopp, bei der Wiederholung zur anderen Seite.
	8. Gehen im Kreis. Beim letzten „bums" rückwärts hinfallen.

Text und Melodie: Karl Foltz. Aus: Karl Foltz: „Hörst Du nicht den feinen Ton?". Möseler-Verlag, Wolfenbüttel und Zürich

1. Ich hei-ße Au-gust Fri-do-lin und bin ein klei-ner Pin-gu-in,

wa-di-wapp wapp wapp wa-di-wapp, wapp, wapp wa-di-wapp, wapp, wapp, klapp, klapp.

2. Und meine Frau heißt Wulliwisch,
   sie schwimmt im Wasser wie ein Fisch.
   Wa-di-wapp, wapp, wapp ...

3. Wir haben auch noch Kinderlein,
   die wackeln lustig hinterdrein.

4. Und wollt ihr uns mal seh'n so froh,
   dann geht mal wieder in den Zoo.

Der watschelig-wackelige Gang wird im Refrain nachgeahmt: Dabei liegen die
Arme seitlich am Körper, wobei die geschlossenen Hände im rechten Winkel
auswärts zeigen. Dem Melodierhythmus folgend, werden jeweils auf „wadiwapp,
wapp, wapp" zwei kleine, dann drei größere Schrittchen gemacht, wobei der
ganze Körper mit nach links oder rechts wackelt. Beim „klapp, klapp" klatschen
die Hände an den Körper.

Text und Melodie: Barbara Böke. Aus: Lernspiel. Fidula-Verlag, Boppard/Rhein und Salzburg

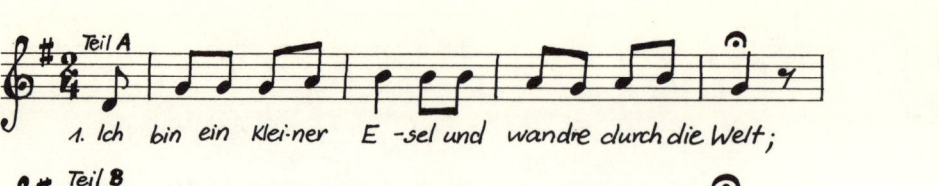

1. Ich bin ein kleiner E-sel und wandre durch die Welt;

ich wackle mit dem Hinterteil, so wie es mir ge-fällt.

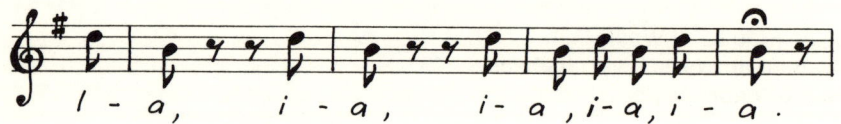

i - a, i - a, i - a, i - a, i - a.

2. Ich bin ein kleines Kätzchen …
miau …

3. Ich bin ein kleines Hündchen …wau-wau …

4. Ich bin ein kleiner Vogel …
piep-piep …

5. Ich bin ein kleines Entchen …
quak-quak

Teil A: Kreisaufstellung, in Tanzrichtung gehen

Teil B: Auf der Stelle mit dem Hinterteil wackeln

Teil C: Abwechselnd nach links und rechts nicken

1) Alle Kinder singen und spielen die 5 Strophen hintereinander.
2) Man bildet 5 Gruppen. Jeweils eine Gruppe singt und spielt, die anderen sitzen auf dem Boden und singen nur.
3) Alle fünf Gruppen singen und spielen gleichzeitig.
4) Die erste Strophe wird als dreistimmiger Kanon gesungen und gespielt.

Tanzform: Cläre Fasbender. Aus: Musikpraxis, Nr. 9. Fidula-Verlag, Boppard/Rhein und Salzburg

Sprechen:

Und hielten sich brav bei den Vordertatzen, Da standen sieben kleine Katzen
bei einer Pappel am Bach. Und sagten: „Ach! Wären wir drüben, miau!"
Kehrreim singen!

Sprechen:

Da nahmen die sieben kleinen Bären die sieben kleinen Katzen auf ihren Rücken
und sagten: „Wir sind stark, es wird uns schon glücken."
Die Katzen machten die Augen zu vor Ängsten. Und der kleinsten war es am bäng-
sten.
Kehrreim singen!

Sprechen:

Als sie am anderen Ufer waren sagten die sieben Kätzlein artig das Sätzlein:
„Wir danken schön!" „Es ist gern geschehn!" erklärten die Bären
und meinten auch: „Ja, wenn wir nicht wären!"
Kehrreim singen!

---

7 Bärenkinder und 7 Katzenkinder spielen mit, sowie ein Bach, der aus Springseilen
gebildet werden kann.
Sieben kleine Bären...
Die 7 Bärenkinder legen jeweils die Hände auf die Schultern ihres Vordermannes und
gehen durch den Raum.
1. Kehrreim: Die Bären bewegen sich langsam auf die 7 kleinen Katzen am Bach zu.
2. Kehrreim: Die Katzen legen die Hände auf den Rücken der Bären, schließen die Augen
und gehen mit den Bären zum anderen Ufer.
3. Kehrreim: Alle gehen paarweise dazu durch den Raum.
Die wörtliche Rede des Sprechers kann auch von den Spielern übernommen werden.

---

aus: Musikpraxis 1, S. 3, Fidula Verlag, Boppard

Text: Josef Guggenmos
Melodie: Heinz Lemmermann

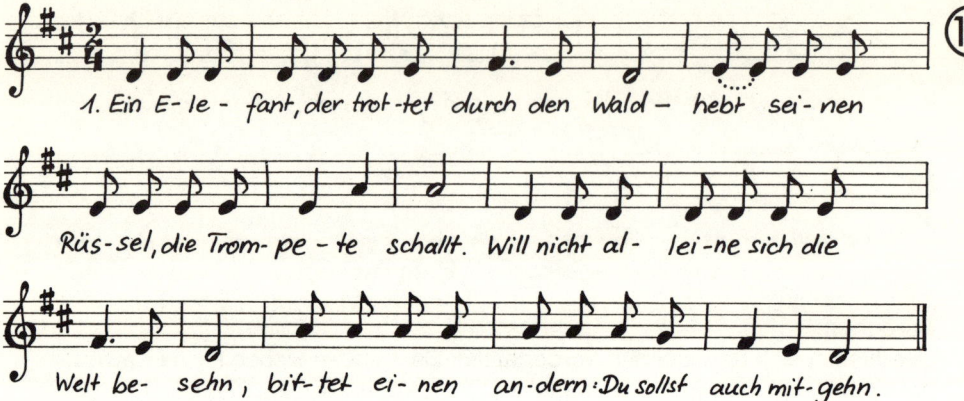

1. Ein E-le-fant, der trot-tet durch den Wald – hebt sei-nen
Rüs-sel, die Trom-pe-te schallt. Will nicht al-lei-ne sich die
Welt be-sehn, bit-tet ei-nen an-dern: Du sollst auch mit-gehn.

2. Zwei Elefanten trotten durch den Wald –
   heben ihre Rüssel, die Trompete schallt.
   Wollen nicht alleine sich die Welt beseh'n,
   bitten einen andern: Du sollst auch mitgeh'n.

3. Drei Elefanten ...

4. Vier Elefanten ...

   usw.

> Die Kinder bilden einen Kreis. Ein Kind trottet als Elefant im Innern des Kreises. Die Hände sind in die Hüften gestützt.
> – Hebt seinen Rüssel, die Trompete schallt. Ruckartig stößt der Elefant seinen linken Arm in die Luft.
> – Will nicht alleine sich die Welt beseh'n. Er stemmt wieder die Hände in die Hüften bzw. umfaßt seinen Vordermann.
> – Bittet einen andern: Du sollst auch mitgeh'n! Mit einer Verbeugung fordert der Elefant jemanden aus dem Kreis zum Mitgehen auf.

Aus: Margarete und Wolfgang Jehn: 28 Kinderspiele aus aller Welt. Verlag eres, 2804 Lilienthal/Bremen.

Spiel: volkstümlich
Text: Margarete Jehn
Melodie: volkstümlich

1. Wenn mein On-kel aus A- me-ri-ka mal kommt, hipp-hopp,

wenn mein On-kel aus A- me-ri-ka mal kommt, hipp-hopp,

wenn mein On-kel aus A- me-ri-ka, mein On-kel aus A-

me-ri-ka, mein On-kel aus A- me-ri-ka mal kommt, hipp-hopp.

2. Putze ich die ganze Wohnung, bis sie glänzt,
   schrubb-schrubb, hipp-hopp.

3. Ja, dann fliegt er mit dem dicken Jumbo-Jet,
   hui-hui, schrubb-schrubb, hipp-hopp.

4. Und dann braten wir ein Ferkelchen am Spieß,
   rrr-rrr, hui-hui, schrubb-schrubb, hipp-hopp.

5. Dazu trinken wir 'ne Cola oder Saft,
   gluck-gluck, rrr-rrr, hui-hui, schrubb-schrubb, hipp-hopp.

6. Danach tanzen wir den neu'sten Modetanz,
   cha-cha-cha, gluck-gluck, rrr-rrr, hui-hui, schrubb-schrubb, hipp-hopp.

Bewegungsvorschläge:	
hipp-hopp:	linke und dann rechte Faust über die Schulter nach hinten wippen
schrubb-schrubb:	2 × Putzbewegung
hui-hui:	Flugzeuglandung
rrr-rrr:	2 × Drehbewegung
gluck-gluck	2 × Trinkbewegung
cha-cha-cha:	rechts-links-rechts mit den Füßen aufstampfen

Text und Spielfassung: Georg Holzmeister: Kinderparty – Kinderspaß. Fidula-Verlag, Boppard/Rhein und Salzburg

Ich ken-ne ei-nen Cow-boy, der Cow-boy, der heißt Bill, und

wenn der Cow-boy rei-tet, so steht sein Herz nicht still. 1. So

rei-tet der Cow-boy, der Cow-boy rei-tet so, so rei-tet der

Cow-boy, der Cow-boy rei-tet so.

2. Ich kenne einen Cowboy …
   so schwingt er das Lasso, das Lasso schwingt er so.

3. So knallt er die Peitsche, die Peitsche knallt er so.

4. Ja, so schießt der Cowboy, der Cowboy, der schießt so.

5. Ja, so tanzt der Cowboy, der Cowboy, der tanzt so.

Aufstellung: Alle im großen Kreis durchgefaßt, Blick zur Mitte.

Teil A:
Takt 1–2:   Mit 4 Schritten zur Mitte (rechter Fuß beginnt).
Takt 3–4:   Mit 4 Schritten zurück.
Takt 5–8:   Wie Takt 1–4.

Teil B:
Takt 9–16:   Die im Text genannte Tätigkeit darstellen.

Aus: Kinderparty – Kinderspaß. Fidula-Verlag, Boppard/Rhein und Salzburg

1. Der Müller hat ein Mühlenhaus, Mi-Ma-Mühlenhaus,
   kommt Korn herein und Mehl heraus, Mi-Ma-Mehl her-aus.
   Mühlenhaus, Mehl heraus: So sieht unsre Wirtschaft aus.

2. Der Bäcker, der backt weiße Wecken, wi-wa-weiße Wecken,
   (7) braunes Brot und Streuselschnecken, Stri-Stra-Streuselschnecken.
   Weiße Wecken – Streuselschnecken – Mühlenhaus – Mehl heraus:
   So sieht uns're Wirtschaft aus.

3. Der Schlachter schlacht' ein feistes Schwein, fi-fa-feistes Schwein
   und pökelt Speck und Schinken ein, Schi-Scha-Schinken ein.
   Feistes Schwein – Schinken ein – weiße Wecken – Streuselschnecken –
   Mühlenhaus – Mehl heraus: So sieht ...

4. Der Bauer hat 'ne bunte Kuh, bi-ba-bunte Kuh,
   die gibt uns Milch und Butter dazu, Bi-Ba-Butter dazu.
   Bunte Kuh – Butter dazu – feistes Schwein – Schinken ein – weiße Wecken –
   Streuselschnecken – Mühlenhaus – Mehl heraus: So sieht ...

5. Die Henne macht ein laut' Geschrei, li-la-laut Geschrei
   und legt dabei ein frisches Ei, fri-fra-frisches Ei.
   Laut Geschrei – frisches Ei – bunte Kuh – Butter dazu – feistes Schwein –
   Schinken ein – weiße Wecken – Streuselschnecken – Mühlenhaus –
   Mehl heraus: So sieht ...

Die Tätigkeiten im Lied sollen in Gesten und Bewegungen umgesetzt werden,
eventuell „Eselsbrücken" an die Tafel zeichnen.

1)	Mühlenhaus	– Arme vor der Brust kreuzen.
	Mehl heraus	– Rücken gebeugt, als ob man einen Sack trägt.
2)	Weiße Wecken	– Hohle Handflächen aufeinander legen.
	Streuselschnecken	– Linke Hand flach, rechte Hand beschreibt darauf eine Spirale.
3)	Feistes Schwein	– Umriß in die Luft malen.
	Schinken ein	– Mit der Hand auf das eigene Hinterteil schlagen.
4)	Bunte Kuh	– Hände deuten Hörner am Kopf an.
	Butter dazu	– Bewegung, als ob man Butter auf eine Brotschnitte streicht.
5)	Laut' Geschrei	– Hände klappen wie ein Schnabel auf und zu.
	Frisches Ei	– Mit Zeigefingern in die Luft malen.

Text: Paula Dehmel. Melodie: Adolf Lohmann. Christopherus-Verlag, Freiburg.
Spielform aus: Die Zugabe, Bd. 1. Fidula-Verlag, Boppard/Rhein und Salzburg

1. Ei, Mül-ler, dei-ne Mühl', dei-ne Mühl' geht zu schnel-le, ei, Mül-ler, dei-ne Mühl', dei-ne Mühl' geht zu schnell. Dei-ne Mühl', dei-ne Mühl' geht zu schnel-le, dei-ne Mühl', dei-ne Mühl' geht zu schnell, geht zu schnell.

2. Ei, Müller, höre zu, das Klipp-Klapp will dich wecken,
   ei, Müller, höre zu, das Klipp-Klapp weckt dich auf!
   Klippe klapp, klippe klapp will dich wecken,
   klippe klapp, klippe klapp weckt dich auf!

3. Ei, Müller, kommst du bald, deine Mühl' mahlt nicht weiter,
   ei, Müller, kommst du bald, deine Mühl' mahlt nicht mehr!
   Deine Mühl', deine Mühl' mahlt nicht weiter,
   deine Mühl', deine Mühl' mahlt nicht mehr!

Die Hälfte der Kinder faßt sich zum Kreis an. Alle anderen Kinder sind die Mühlenflügel. Sie fassen mit ihrer rechten Hand immer dort an, wo zwei Kinder sich im Kreis anfassen.

1. Strophe: Die Mühle fängt an, sich zu drehen; der ganze Kreis läuft links herum.

2. Strophe: Alle Kinder bleiben stehen, die Mühlenflügel drehen sich zur Kreismitte um. Sie singen. Bei „Klipp-Klapp" klatschen alle den Rhythmus.

3. Strophe: Der Innenkreis läuft in die Kreismitte und zurück, während der Außenkreis klatscht.
   Beim zweiten Teil läuft der äußere Kreis durch die erhobenen Hände des Innenkreises.

Von Hans R. Franzke. Aus: Die Zugabe, Band 1. Fidula-Verlag, Boppard/Rhein und Salzburg

1. Kam der I-gel zu der Kat-ze: Bit-te reich mir dei-ne Tat-ze! Mit dem

I-gel tanz ich nicht. Ist mir viel zu sta-che-lig. Und die

Kat-ze tanzt al-lein, tanzt und tanzt auf ei-nem Bein.

2. Kam der Hase zu der Katze. Bitte reich' mir deine Tatze!
Mit dem Hasen tanz' ich nicht. Ist mir viel zu zappelig.
Und die Katze tanzt allein, tanzt und tanzt auf einem Bein.

3. Kam der Hamster zu der Katze. Bitte reich' mir deine Tatze!
Mit dem Hamster tanz' ich nicht. Ist mir viel zu pummelig.
Und die Katze tanzt allein, tanzt und tanzt auf einem Bein.

4. Kam der Hofhund zu der Katze. Bitte reich' mit deine Tatze!
Mit dem Hofhund tanz' ich nicht. Denn der bellt so fürchterlich.
Und die Katze tanzt allein, tanzt und tanzt auf einem Bein.

5. Kam der Kater zu der Katze, leckte ihr ganz lieb die Tatze!
Streichelt sie und küßt sie sacht, und schon hat sie mitgemacht.
Und dann tanzen sie zu zwei'n über Stock und über Stein.

6. Je-de Maus im Mau-se loch ruft: Ein Glück, sie tan-zen noch.

Alle bilden einen Kreis. In der Mitte tanzt die Katze. Beim Kehrreim gehen alle in Tanzrichtung.
In Strophe 5 tanzen Katze und Kater beim Kehrvers allein, alle anderen gehen in die Hocke und verwandeln sich in Mäuse, die den Katzen zuschauen (Hände als Fernglas an die Augen legen).
Bei Strophe 6 springen alle hoch, klatschen in die Hände und tanzen frei im Raum.
Die Bewegungen der Tiere zu Strophe 1–4 sind variabel.

Text und Melodie: Der Katzentatzentanz von Fredrik Vahle.
Aus: Mäusepfiff und Himmelsblau von Fredrik Vahle. Mit Bildern von Helme Heine. © 1983 Getraud Middelhauve Verlag, Köln.

Spielform aus: Musikpraxis Nr. 18. Fidula-Verlag, Boppard/Rhein und Salzburg

Rum-mel-bum-mel ging spa-zie-rn, kam er an ein klei-nes Haus,
wollt ein neu-es Lied pro - biern. Klopft er an, wer schaut he-raus:

1. Ei-ne schwarze Katze, die macht den Buk-kel krumm, und die

Trommel und die Trommel, die macht rum-bum-bum. Und die

Kat-ze, und die Kat-ze, die geht mit, rum-bum!

2. Eine alte Hexe, die rührt im Topf herum ...

3. Eine fette Kröte, die dreht sich dreimal um ...

4. Eine dicke Hummel, die macht ein laut' Gesumm ...

5. Eine gelbe Rübe, die fällt auf einmal um ...

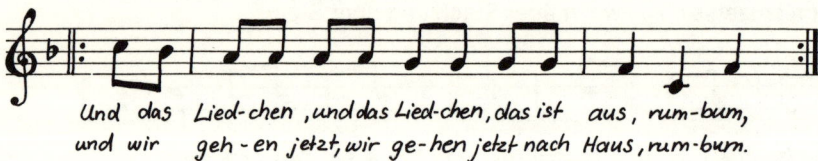

Und das Lied-chen, und das Lied-chen, das ist aus, rum-bum,
und wir geh-en jetzt, wir ge-hen jetzt nach Haus, rum-bum.

Ein Kind geht mit einer Trommel im Kreis spazieren, während die übrigen Kinder zusammen mit dem Lehrer angefaßt im Kreis um den Trommler herumgehen. Der Trommler bleibt vor einem Kind stehen und klopft „an die Haustür". Dieses Kind ist nun die Katze und macht den Buckel krumm. Während der Trommler danach bei „Und die Trommel" auf sein Instrument schlägt, drehen sich alle Kinder am Platz herum. Wer es kann, klatscht dazu im Takt in die Hände. Anschließend folgt die Katze dem Trommler usw.

Die nächsten Strophen werden entsprechend gesungen und gespielt, so daß nach der 4. Strophe Katze, Hexe, Kröte und Hummel hinter dem Trommler hergehen. Nach der letzten Strophe tanzen alle um die auf dem Boden liegende „gelbe Rübe" herum.

Text und Melodie: Thilde Lorenz. Fidula-Kassette 15. Fidula-Verlag, Boppard/Rhein und Salzburg

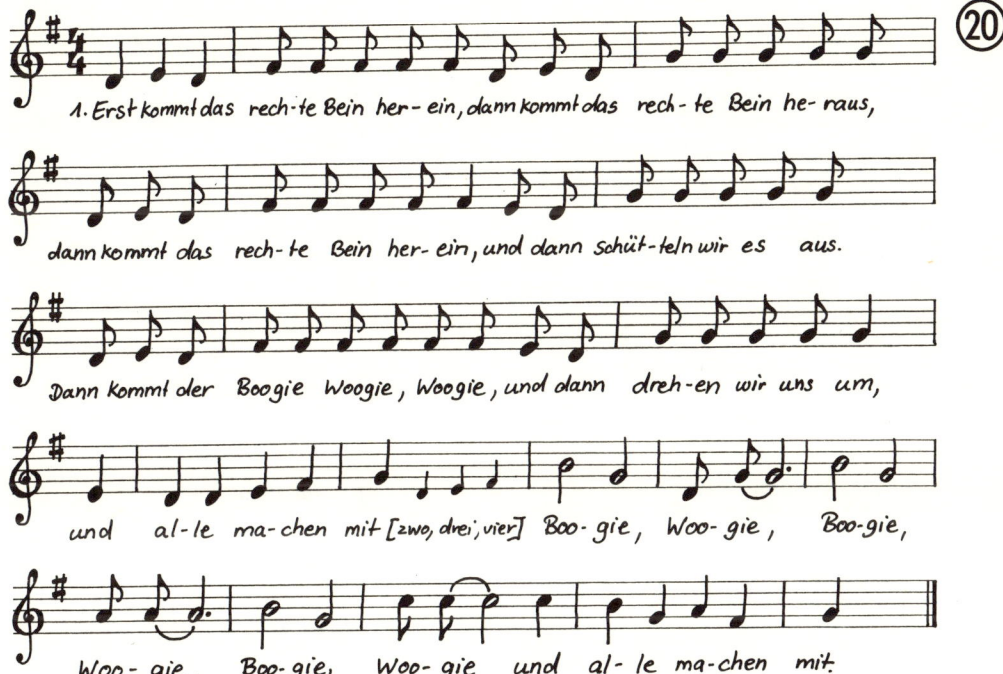

1. Erst kommt das rech-te Bein her-ein, dann kommt das rech-te Bein he-raus,
dann kommt das rech-te Bein her-ein, und dann schüt-teln wir es aus.
Dann kommt der Boogie Woogie, Woogie, und dann dreh-en wir uns um,
und al-le ma-chen mit [zwo, drei, vier] Boo-gie, Woo-gie, Boo-gie,
Woo-gie, Boo-gie, Woo-gie und al-le ma-chen mit.

2. Erst kommt das linke Bein herein, dann kommt das linke Bein heraus,
dann kommt das linke Bein herein, und dann schütteln wir es aus.
Dann kommt der Boogie Woogie, Woogie, und dann drehen wir uns um,
und alle machen mit.
Boogie Woogie, Boogie Woogie, Boogie Woogie, und alle machen mit.

3. Erst kommt der rechte Arm herein …

4. Erst kommt der linke Arm herein …

5. Erst kommt der rechte Fuß herein …

6. Erst kommt der linke Fuß herein … (weitere Strophen finden).

Die Bewegungen sind aus dem Text zu entnehmen. Bei „Boogie Woogie, Woogie" die Hände in die Hüften stemmen und mit den Hüften kreisen. Bei „und alle machen mit" rhythmisch in die Hände klatschen. Danach fassen sich alle an den Händen, um bei „Boogie Woogie" in der Kreismitte zusammenzutreffen und wieder auseinanderzugehen.

Aus: Liederbuch 1. kunter-bund-Edition, Bund-Verlag, Köln

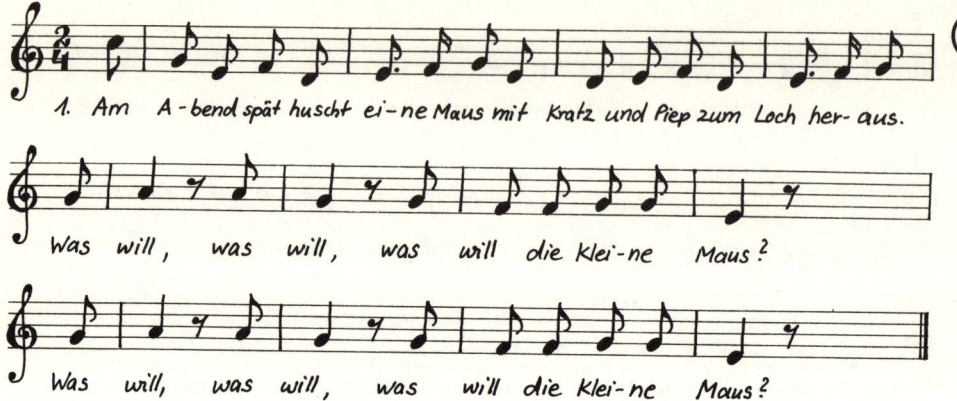

1. Am Abend spät huscht eine Maus mit Kratz und Piep zum Loch her-aus.
Was will, was will, was will die kleine Maus?
Was will, was will, was will die kleine Maus?

2. Ich such' ein kleines Käsestück, das ließ ich gestern hier zurück.
   Wo ist, wo ist mein kleines Käsestück?

3. Ich glaub', das hat der Kater Mohr, der mit dem spitzen Muschelohr.
   Vielleicht, vielleicht, gibt er dir's bald zurück.

4. Ach, lieber Kater, gib es mir, bin ewig dankbar dir dafür.
   Gib her, gib her, mein kleines Käsestück.

5. Ja, gerne, komm nur her zu mir, komm her, dann überreich ich's dir.
   Komm her, komm her, du zuckersüße Maus.

6. Du alter Mohr, ich kenne dich, erst schmeichelst du, dann frißt du mich.
   Piep, piep, piep, piep, piep, piep, du fängst mich nicht.

> Die Kinder bilden eine Katzengruppe und eine Mausgruppe und gestalten das
> Lied beim Singen durch Mimik und Gestik.

Aus: Margarete und Wolfgang Jehn: 48 Kinderlieder aus aller Welt. Verlag eres, 2804 Lilienthal/Bremen

1. Ich bin ein Mu-si- kan-te und komm aus Schwa-ben- land.

Wir sind auch Mu-si- kan-ten und komm'n aus Schwa-ben- land.

Ich kann auch spie-len , wir kön-nen spie-len
Auf der Trom- pe- te, auf der Trom — pe- te, tä

rä tä tä tä rä tä tä tä rä tä tä tä tä tä tä

2. … auf dem Klavier … timtimtimtim …

3. … auf der Posaune … tututututu …

4. … auf der Pauke … tromtrom …

5. … auf der Gitarre … plomplom …

> Sicher lassen sich noch andere Instrumente finden. Bei jeder Strophe werden
> die entsprechenden Bewegungen ausgeführt.

Volkstümlich. Aus: Albrecht Rosenstengel. Musikunterricht in der Vor- und Grundschule. Schroedel-Verlag

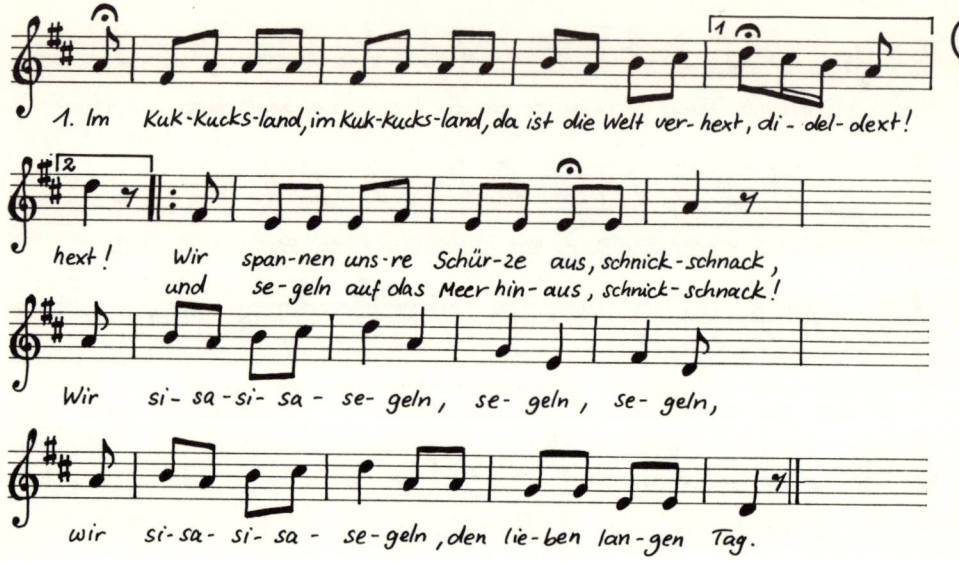

1. Im Kuk-kucks-land, im Kuk-kucks-land, da ist die Welt ver-hext, di-del-dext!
hext! Wir span-nen uns-re Schür-ze aus, schnick-schnack,
und se-geln auf das Meer hin-aus, schnick-schnack!
Wir si-sa-si-sa-se-geln, se-geln, se-geln,
wir si-sa-si-sa-se-geln, den lie-ben lan-gen Tag.

2. Wir nehmen ein Rhabarberblatt, schnick-schnack,
und reiten auf den Ararat, schnick-schnack!
Wir ri-ra-ri-ra-reiten, reiten, reiten,
wir ri-ra-ri-ra-reiten, den lieben langen Tag.

3. Wir fangen uns ein Spinnweb ein, schnick-schnack,
und tanzen drauf im Sonnenschein, schnick-schnack!
Wir ti-ta-ti-ta-tanzen, tanzen, tanzen,
wir ti-ta-ti-ta-tanzen, den lieben langen Tag.

> Die Kinder bewegen sich im Takt frei im Raum, allerdings mit steifen Beinen, so daß sie wie eine Holzpuppe hin und her pendeln. Auf „verhext" bleiben alle steif stehen und werden erst bei dideldext wieder erlöst.
> Der Text der 3 Strophen wird dann jeweils in Bewegung umgesetzt.

Text und Melodie: Thilde Lorenz. Fidula-Kassette 15. Fidula-Verlag, Boppard/Rhein und Salzburg

1. Wik-kel wak-kel schleicht der Dak-kel in das Metz-ger-haus.
Wik-kel wak-kel schleppt der Dak-kel ei-ne Wurst her-aus.
„Wo ist mei-ne Wurst ge-blie-ben", ruft der Metz-ger laut.
„Wo ist mei-ne Wurst ge-blie-ben, wer hat sie ge-klaut?"

2. Doch der schnelle Wickelwackel
rennt in einem Saus
wickelwackel, wickelwackel
aus dem Dorf hinaus.
Bald drauf wankt ein dicker Dackel
durch den Wald davon,
und sein Bauch gleicht, wickelwackel,
einem Luftballon.

3. Wickelwackel kommt der Dackel
aus dem Wald heraus.
Wickelwackel schleicht der Dackel
geradewegs nach Haus.
Schaut nach rechts und schaut nach links,
der arge Bösewicht.
Hoffentlich erwischt der Metzger
unsern Dackel nicht.

Text: R. Gribitz, Melodie: F. Korringer. Aus: Musikpraxis Nr. 34. Fidula-Verlag, Boppard/Rhein und Salzburg

Auswahl von Kinderreimen und Abzählversen

Alle Leut, alle Leut,
gehn jetzt nach Haus,
gehn in ihr Kämmerlein,
lassen fünf gerade sein,
alle Leut, alle Leut,
gehn jetzt nach Haus.

Die Frösche, die Frösche,
die sind ein lustig Chor,
sie haben, sie haben,
kein Schwänzlein und kein Ohr.

Daumen neig dich!
Zeiger streck dich!
Mittler drück dich!
Goldner heb dich!
Kleiner duck dich!
Ja, ja duck dich!

Regen-, Regentröpfchen.
Es regnet auf mein Köpfchen,
es regnet in das grüne Gras,
da werden meine Füßchen naß.

Es regnet, es regnet, der Kuckuck wird naß.
Wir sitzen im Trocknen. Was schadet uns das?
Mairegen bringt Segen. Und werden wir naß,
so wachsen wir lustig wie Blumen und Gras.

Ich fahr, ich fahr,
ich fahr mit der Post,
fahr mit der Schneckenpost,
die mich kein'n Heller kost.
Ich fahr, ich fahr,
ich fahr mit der Post.

Ringel, Ringel, Reihe,
sind der Kinder dreie,
sitzen unterm Holderbusch,
machen alle husch, husch, husch!

Rote Kirschen eß ich gerne,
schwarze noch viel lieber,
in die Schule geh ich gerne,
alle Tage wieder.

Ringel, Ringel Rose,
schönste Aprikose,
Veilchen und Vergißmeinnicht,
alle Kinder setzen sich.
Mit dem Kopfe nick, nick, nick,
mit dem Finger tick, tick, tick,
mit den Händen klapp, klapp, klapp,
mit den Füßen trapp, trapp, trapp.
Du gehörst mein, du gehörst mein,
morgen soll die Hochzeit sein.

Taler, Taler, du mußt wandern,
von der einen Hand zur andern.
Das ist lustig, das ist schön,
niemand darf den Taler sehn.

Kinder, dreht euch ja nicht um,
denn der Plumpsack geht herum.
Wer sich umdreht oder lacht,
der kriegt den Buckel blau gemacht.

Es tanzt ein Bi-Ba-Butzemann
in unserm Haus herum, didum,
in unserem Haus herum.

Er rüttelt sich, er schüttelt sich,
er wirft sein Säckchen hinter sich.
Es tanzt ein Bi-Ba-Butzemann
in unserm Haus herum.

1, 2, 3, 4, 5, 6, 7,
eine alte Frau kocht Rüben,
eine alte Frau kocht Speck,
und du bist weg.

Ene mene Tintenfaß,
geh zur Schul' und lerne was.
Wenn du was gelernet hast,
komm zu mir und sag mir das.
1, 2, 3, du bist frei.

Ene mene ming mang,
wing wang, ting tang.
Use wuse wapdich
Eie weie weck.

Ätsche, bätsche, bitsche, batsche,
säwwere, wäwwere, witsche, watsche,
säwwere, wäwwere, wuh – aus bist du!

Meine Mu, meine Mu, meine Mutter schickt mich her,
ob der Ku, ob der Ku, ob der Kuchen fertig wär,
wenn er no, wenn er no, wenn er noch nicht fertig wär,
käm ich mo, käm ich mo, käm ich morgen noch mal her.

Wenn ich morgens früh aufstehe
und zu meiner Arbeit gehe,
schau ich hin, schau ich her,
ob noch was zu fegen wär.
Schwarz ist mein Gesicht wie Kohle,
so vom Scheitel bis zur Sohle,
doch mein Herz ist frisch und frei,
bei der Schornsteinfegerei.

Backe, backe Kuchen,
der Bäcker hat gerufen,
wer will guten Kuchen backen,
der muß haben sieben Sachen
Eier und Schmalz, Butter und Salz,
Milch und Mehl,
Safran macht den Kuchen gel –
schieb ihn in den Ofen!

Ich bin ein fein's Mädchen,
kann drehen das Rädchen,
kann stricken
die Maschen
und flicken
die Taschen
kann nädeln
und putzen
und fädeln
und stutzen,
kann singen
und springen
und braten und kochen
das Fleisch und die Knochen.

Morgens früh um sechs,
kommt die alte Hex.
Morgens früh um sieben,
schabt sie gelbe Rüben.
Morgens früh um acht,
wird Kaffee gemacht.
Morgens früh um neun,
geht sie in die Scheun.
Morgens früh um zehn,
holt sie Holz und Spän.
Feuert an um elf,
kocht dann bis um zwölf
Fröschlein, Krebs und Fisch.
Hurtig, Kinder, kommt zu Tisch!

Am Montag fängt die Woche an,
am Dienstag, da wird nix getan,
am Mittwoch bin ich müd', ihr Leut,
am Donnerstag habe ich keine Freud,
am Freitag arbeit' ich nicht gern,
am Samstag wird's bald Sonntag wer'n.

Vögel, die nicht singen,
Glocken, die nicht klingen,
Pferde, die nicht springen,
Pistolen, die nicht krachen,
Kinder, die nicht lachen,
was sind das für Sachen?

Mich dünkt, wir geben einen Ball,
sprach die Nachtigall.
So? sprach der Floh.
Was werden wir essen?
sprachen die Wespen.
Nudeln! sprachen die Pudeln.
Was werden wir trinken?
sprachen die Finken.
Bier! sprach der Stier.
Nein, Wein! sprach das Schwein.
Wo werden wir tanzen?
sprachen die Wanzen.
Im Haus! sprach die Maus.

Johann, spann an,
drei Katzen voran,
drei Mäuse vorauf,
den Blocksberg hinauf!

Des Abends, wenn ich früh aufsteh,
des Morgens, wenn ich zu Bette geh,
dann krähen die Hühner, dann gackelt der Hahn,
dann fängt das Korn zu dreschen an.
Die Magd, sie steckt den Ofen ins Feuer,
die Frau, die schlägt drei Suppen in die Eier.
Der Knecht, der kehrt mit der Stube den Besen,
da sitzen die Erbsen, die Kinder zu lesen.
Oh weh, wie sind mir meine Stiefel geschwollen,
daß sie nicht in die Beine 'nein wollen.
Nimm drei Pfund Stiefel und schmiere das Fett,
dann stelle mir vor die Stiefel das Bett!

1, 2, 3, alt ist nicht neu; neu ist nicht alt;
warm ist nicht kalt; kalt ist nicht warm;
reich ist nicht arm, arm ist nicht reich;
hart ist nicht weich, weich ist nicht hart;
grob ist nicht zart.
Sauer ist nicht süß; Händ' sind keine Füß'.
Füß' sind keine Händ'; das Lied ist zu End'.

Guten Tag Frau Montag, wie geht's der Frau Dienstag? Ganz
gut, Frau Mittwoch. Bitte sagen Sie der Frau Donnerstag,
ich käme mit der Frau Freitag am nächsten Samstag zum
Kuchenessen zu der Frau Sonntag.

1, 2, 3,
Butter auf den Brei,
Salz auf den Speck,
und du mußt weg.

Ich und du,
Müllers Kuh,
Müllers Esel,
der bist du.

Enemenemu,
ab bist du.
Ab bist du noch lange nicht,
sag mir erst, wie alt du bist.
(Abzählen: 1, 2, 3, 4, 5, 6, 7 ...)

Fünf kleine Mäuse
hüpften in die Schleuse,
hüpften wieder raus,
und du bist aus.

In unserm Häuschen
sind schrecklich viele Mäuschen.
Sie trippeln und trappeln,
sie zippeln und zappeln,
sie stehlen und naschen,
und will man sie haschen –
husch, sind sie weg.

Es war einmal ein schwarzer, kurzer,
    runder, bunter Mann,
der hatte schwarze, kurze, runde,
    bunte Hosen an.
Er war umgürtet mit einem schwarzen,
    kurzen, runden, bunten Schwert.
Er saß auf einem schwarzen, kurzen,
    runden, bunten Pferd.
Er ritt durch die schwarzen, kurzen,
    runden, bunten Straßen,
wo die schwarzen, kurzen, runden,
    bunten Kinder saßen.
Er sprach zu den schwarzen, kurzen,
    runden, bunten Kindern:
Geht hinweg, daß euch mein schwarzes, kurzes,
    rundes, buntes Pferd nicht schlägt!
Nicht wahr, wie von dem schwarzen, kurzen,
    runden, bunten Mann,
ich euch so schwarz, kurz, rund
    und bunt erzählen kann.

So geht es zu im Lande der Riesen:
da nähen die Schneider mit Spießen,
da stricken die Mädchen mit Stangen,
da füttert man Vögel mit Schlangen,
da malen mit Besen die Maler,
da macht man wie Kuchen die Taler,
da schießt man die Mücken mit Pfeilen,
da webt man die Leinwand aus Seilen.

So ist im Lande der Zwerge:
Ameisenhaufen sind da Berge,
das Sandkorn ist ein Felsenstück,
der Seidenfaden ist ein Strick,
die Nadel ist da eine Stange,
ein Würmlein ist da eine Schlange,
als Elefant gilt da die Maus,
der Fingerhut ist da ein Haus,
die Fenster sind wie Nadelöhre,
ein Glas voll Wasser wird zum Meere,
der dickste Mann ist dünn wie ein Haar,
der Augenblick ist da wie ein Jahr.

Auswahl von Rätseln

Es hängt an der Wand
und gibt jedem die Hand. (das Handtuch)

Ich gehe alle Tage aus
und bleibe doch in meinem Haus. (die Schnecke)

Wenn ich nur wüßte,
wer das ist,
der immer mit zwei Löffeln frißt. (der Hase)

Es hat keine Füße und kann doch gehn,
wenn man's nicht aufzieht, bleibt es stehn. (die Uhr)

Ich kenn ein kleines, weißes Haus,
hat keine Fenster, keine Toren;
und will der kleine Wirt heraus,
so muß er erst die Wand durchbohren. (das Küken)

Ich kenn' zwei kleine Fensterlein
in einem kleinen Haus,
draus guckt den lieben langen Tag
ein kleiner Schelm heraus.
Doch abends, wenn es dunkel wird
und alles geht zur Ruh,
dann macht geschwind der kleine Schelm
die Fensterladen zu. (die Augen)

Wer trägt 'ne große weiße Mütze
und arbeitet bei großer Hitze? (der Koch)

Rabenschwarz ist meine Kleidung,
Hände gar und mein Gesicht,
brauche Leiter, Kugel, Besen,
welches Kind erkennt mich nicht? (der Schornsteinfeger)

Erstens hat er keine Flügel,
zweitens pfeift und singt er nicht.
Und doch fliegt er wie ein Vogel,
wenn der Wind ihn nicht zerbricht. (der Papierdrachen)

132

Es ist ein kunterbunter Mann,
der keine Ruhe geben kann.
Er schwingt die Arme auf und nieder,
bewegt die Beine immer wieder.
Er hält erst still, bedenke nur,
ziehst du nicht mehr an seiner Schnur. (der Hampelmann)

Sitzt einer auf dem Dach und raucht,
der weder Pfeif' noch Tabak braucht. (der Schornstein)

Es ist gemacht aus Holz und Glas
das Licht scheint durch.
Was ist denn das? (das Fenster)

Bekannt bin ich im ganzen Land,
ihr nehmt mich täglich in die Hand.
Viel' Zähne hab ich
und kann doch nicht beißen.
Nun rate mein Kind,
wie mag ich wohl heißen? (der Kamm)

Hat vier Beine und viele Federn,
ist keine Gans, auch kein Schaf.
Hinein schlüpfst du täglich,
es trägt dich, deckt dich,
wärmt dich im Schlaf. (das Bett)

Es ist aus Glas, doch durchsehn kannst du nicht.
Schaust du hinein, so siehst du dein Gesicht. (der Spiegel)

Ich habe vier Füße und kann nicht gehen.
Ich werde nicht müde und muß immer stehen. (der Tisch)

Wie heißt das Ding dort an der Wand?
Es schlägt und hat doch keine Hand,
es hängt und geht doch fort und fort,
es geht und kommt doch nicht vom Ort. (die Uhr)

Ihr braucht mich, wollt ihr sauber sein,
ihr taucht mich in das Wasser ein.
Reibt ihr die Hände, schäumt es schön,
und große Blasen kann man sehn. (die Seife)

Sie steht an der Straßenkreuzung,
hat drei Augen im Gesicht,
jeder muß sich nach ihr richten,
nur das Flugzeug braucht es nicht. (die Verkehrsampel)

Wer ist der arme Tropf,
hat keinen Hut und keinen Kopf,
hat dazu
nur einen Fuß und keinen Schuh? (der Pilz)

Draußen steht ein weißer Mann,
der sich niemals wärmen kann.
Wenn die Frühlingssonne scheint,
schwitzt der weiße Mann und weint;
er wird klein und immer kleiner.
Sag, was ist das wohl für einer? (der Schneemann)

Was ist bei der Laus groß und beim
Elefanten klein? (das L)

Welche Zahl wird größer,
wenn man sie auf den Kopf stellt? (die 6)

Sie hat sieben Häute und
beißt alle Leute. (die Zwiebel)

Wer bekommt in seinem Haus
niemals Besuch? (die Schnecke)

Erst weiß wie Schnee, dann grün wie Klee,
dann rot wie Blut, schmeckt allen Kindern gut. (die Kirsche)

Welcher Hahn kann nicht krähen? (der Wasserhahn)

Im Winter liebt mich jedermann,
im Sommer schaut mich keiner an. (der Schneemann)

Ich kenn einen Hut, der schützt dich gut.
Doch paßt der kleine Tropf auf keinen Kopf. (der Fingerhut)

Sag mir doch den Vogel an,
der seinen Namen rufen kann. (der Kuckuck)

Zur Höhe steigt er bei gutem Wind,
an einem Faden hält ihn das Kind.
Gefertigt ist er von Papier –
wenn du es weißt, so sag es mir. (der Drachen)

Im Häuslein mit fünf Stübchen
da wohnen braune Bübchen.
Nicht Tor noch Tür führt ein und aus,
wer sie besucht, zerstört das Haus. (das Kerngehäuse)

Auswahl von Schnellsprechversen und Zungenbrechern

1 Blaukraut bleibt Blaukraut und Brautkleid bleibt Brautkleid.

2 Esel essen Nesseln nicht, Nesseln essen Esel nicht.

3 Wenn viele Fliegen hinter Fliegen fliegen,
   fliegen viele Fliegen Fliegen nach.

4 Fischers Fritz fischt frische Fische,
   frische Fische fischt Fischers Fritz.

5 Hinter Heinrichs Hühnerhaus hängen hundert Hemden raus.

6 Hans hackte hartes Holz hinter Hackers Hühnerhaus.
   Hinter Hackers Hühnerhaus hackte Hans hartes Holz.

7 Die Katze tritt die Treppe krumm.

8 Kein kleines Kind kann Kirschkerne knacken.

9 Der Kottbuser Postkutscher putzt den Kottbuser Postkutschkasten.

10 Es klapperten die Klapperschlangen,
   bis ihre Klappern schlapper klangen.

11 Der Metzger wetzt das Metzgermesser auf des Metzgers Wetzestein.

12 Es ist ein neuer Scherenschleifer im Land,
   der schleift die Scheren, es ist eine Schand.

13 Schneiders kleine Schere schneidet scharf,
   schärfer schneidet Schneiders große Schere.

14 Drei trillernde Lerchen trillern drei trillernde Lieder.

15 Drei drollige Dackel tollen auf der Treppe.

16 In Ulm und um Ulm und um Ulm herum.

17 Wir Wiener Waschweiber wollen weiße Wäsche waschen,
   wenn wir wüßten, wo warmes Wasser wär.

18 Es wanderte Herr Wunderlich weit in der Welt umher.
   Er wanderte und wundert sich, wie weit die Welt doch wär.

19 Zwischen zwei Zwetschgenzweigen zwitscherten zwei Schwalben.

20 Zehn Ziegen zogen zwei Zentner Zucker zum Zoo.

Fingerspiele (Sprechverse)

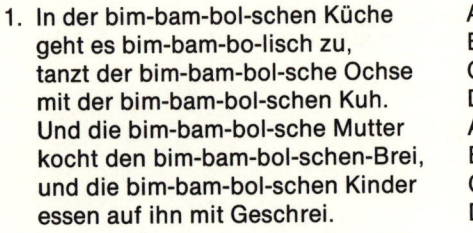

1. In der bim-bam-bol-schen Küche   A
   geht es bim-bam-bo-lisch zu,   B
   tanzt der bim-bam-bol-sche Ochse   C
   mit der bim-bam-bol-schen Kuh.   D
   Und die bim-bam-bol-sche Mutter   A
   kocht den bim-bam-bol-schen-Brei,   B
   und die bim-bam-bol-schen Kinder   C
   essen auf ihn mit Geschrei.   D

> A auf die Oberschenkel schlagen
> B in die Hände klatschen
> C mit den Fingern schnippen
> D auf den Tisch schlagen

2. Mein Häuschen ist nicht gerade,
   ist das aber schade!
   Mein Häuschen ist krumm,
   ist das aber dumm!
   Und bläst der kalte Wind hinein,
   dann fällt das ganze Häuschen ein.
   1, 2, 3, ach, schaut nur, schaut!
   Ich hab es wieder aufgebaut.

> Ellbogen auf den Tisch stützen. Mit den Händen das Dach des Häuschens formen. Den Text in Bewegung umsetzen.

3. Steigt ein Büblein auf den Baum,
   ei, so hoch, man sieht es kaum!
   Schlüpft von Ast zu Ästchen,
   hüpft zum Vogelnestchen.
   Ei! Da lacht es.
   Hui. Da kracht es.
   Plumps! Da liegt es unten.

> Der linke Arm ist der Baum (auf den Tisch stützen). Die Finger der rechten Hand klettern als Büblein. Die linke Hand bildet ein Vogelnest. Klatschen und die Hände in den Schoß fallen lassen.

4. Zehn kleine Zappelmänner
   zappeln hin und her.
   Zehn kleinen Zappelmännern
   fällt das gar nicht schwer.

   Zehn kleine Zappelmänner
   zappeln auf und nieder.
   Zehn kleine Zappelmänner
   tun das immer wieder.

   Zehn kleine Zappelmänner
   zappeln ringsherum.
   Zehn kleinen Zappelmännern
   scheint das gar nicht dumm.

   Zehn kleine Zappelmänner
   spielten mal Versteck.
   Zehn kleine Zappelmänner
   sind auf einmal weg.

> Die Finger zappeln entsprechend den Worten. Schnell spielen!

5. Himpelchen und Pimpelchen
   stiegen auf einen Berg.
   Himpelchen war ein Wichtelmann,
   und Pimpelchen war ein Zwerg.
   Sie blieben lange dort oben sitzen
   und wackelten mit ihren Zipfelmützen.
   Doch nach 75 Wochen
   sind sie in den Berg gekrochen,
   schlafen dort in guter Ruh'.
   Seid mal still und hört schön zu:
   Ch-ch-ch-ch.

> Himpelchen und Pimpelchen sind die Daumen, die aus der geschlossenen Hand
> hervorsehen. Die Fäuste werden in der Luft immer höher aufeinandergetürmt.
> Oben wackeln die Daumen hin und her, dann kriechen sie in die Fäuste hinein.
> Wenn man die Fäuste ans Ohr hält, kann man sie schnarchen hören.

6. Sind die Finger auch noch klein,
   folgsam müssen sie schon sein.
   Und ich sage: „Legt euch nieder!
   Aber jetzt erhebt euch wieder!
   Jetzt sollt ihr spazierengeh'n;
   aber nun hübsch stillesteh'n;
   sollt auch winken, drohen, zeigen
   und zuletzt euch artig neigen."

> Zum Text werden entsprechende Fingerübungen gemacht.

7. Das ist der Daumen,
   der schüttelt die Pflaumen,
   der hebt sie auf,
   der trägt sie nach Haus,
   und der kleine Schelm
   ißt sie alle auf.

Oder:
Der ist ins Wasser gefallen,
der hat ihn herausgezogen,
der hat ihn heimgetragen,
der hat ihn ins Bett gelegt,
und der kleine hier
hat ihn zugedeckt.

Die Finger werden nacheinander angefaßt und tüchtig geschüttelt, abwechselnd die rechte und linke Hand.

8. Meine Finger sollen fallen
auf den dicken Daumenballen,
auf und nieder, auf und nieder
beug' und streck' ich meine Glieder.

Mit beiden Händen! Man strecke die Finger weit auseinander und lasse sie auf den Ballen des Daumens fallen.

Fingerspiele (Melodieverse)

Wir spie-len, wir spie-len, wir fan-gen lu-stig an:

Und wenn der Dau-men nicht mehr kann, dann kommt der Zei-ge-

fin-ger dran. Wir spie-len, wir spie-len und fan-gen lu-stig an.

Der genannte Finger klopft im Rhythmus auf den Tisch. Der Reihe nach folgen
alle Finger. Es geht weiter mit:
>   dem kleinen Fäustchen
>   dem Ellenbogen
>   den Füßen
>   dem Köpfchen

Mit Fin-ger-chen, mit Fin-ger-chen, mit fla-cher, fla-cher Hand. Mit

Fäu-sten, mit Fäu-sten mit El-len-bo-gen halt!

Mit Zehen, mit Zehen, mit flachen, flachen Füßen,
mit Fersen, mit Fersen, mit beiden Beinen, hei!

Den Text in Bewegung umsetzen.

Erst kommt der Son-nen- kä- fer- pa – pa dann kommt die

Son-nen- kä- fer- ma- ma ! Und hin-ter-drein ganz klit-ze klein, die

Son-nen-kä-fer- kin-der-lein, und hin-ter-drein ganz klit-ze-klein, die

Son-nen-kä-fer- kin-der- lein.

Sie haben rote Röckchen an
mit kleinen schwarzen Pünktchen dran.
So machen sie den Sonntagsgang
auf uns'rer Gartenbank entlang.

Erst kommt der Sonnenkäferpapa;
dann kommt die Sonnenkäfermama!
Und hinterdrein, ganz klitzeklein,
die Sonnenkäferkinderlein.

Daumen und Zeigefinger der rechten Hand sind Papa und Mama. Sie gehen
gemächlich spazieren. Die Finger der linken Hand sind die Kinder.

Literaturnachweis: Marga Arndt/Waltraut Singer (Hrsg.): Das ist der Daumen Knudeldick. Ravensburg

Spiel und Bewegung

In der Diskussion um das Spielen in der Schule gibt es einige Streitpunkte, die zu Unsicherheit oder gar Spielverzicht führen. Aus der Erwartenshaltung vieler Eltern und der Gesellschaft läßt sich die strittige Frage herleiten: Sollen Schüler in der Schule spielen oder lernen?

Die Fragestellung ist bereits falsch, es geht nicht um entweder spielen oder lernen, vielmehr brauchen Kinder den spielerischen Umgang mit der Umwelt und ihren vielfältigen Erscheinungen, um in einem relativ ungestörten und sanktionsfreien Raum „Probehandeln" üben zu können. Für das Kind besteht kein Gegensatz zwischen Spielen und Lernen, zumal auch zum Spielen Anstrengung gehört, wenngleich nicht jene spezifische Lernanstrengung, bei der das Tätigsein aufgrund fehlender Motiviertheit durch ein formales Muß in Gang gesetzt wird. Spielen ist für die Beteiligten unmittelbar bedeutsam, weil die Gegenwart erfüllt ist. Schiefele drückt es so aus: „Das Spiel kann als jene Tätigkeit betrachtet werden, in der das Individuum unter dem Einfluß intrinsischer Motivation das Neue, Unbekannte oder das Bekannte in anderen Zusammenhängen aufsucht und mit ihm umgeht" (*Schiefele, Hans:* Lernmotivation und Motivlernen / Grundzüge einer erziehungswissenschaftlichen Motivationslehre. Ehrenwirth-Verlag 1978).

Schulpraktiker, Psychologen und Spieltheoretiker zweifeln nicht daran, daß Spielen seinen Platz in der Schule hat. Vielfältige spieltheoretische Ansätze und Deutungsversuche erscheinen unvereinbar und haben bisher eine Didaktik des Spielens verhindert. Der Praktiker fragt zurecht nach der Funktion des Spiels in der Schule und danach, welchen Anteil das Spiel in den einzelnen Lernbereichen hat, woher die Zeit für Spielen zu nehmen ist und ob angeleitet oder frei gespielt werden soll. Er fragt auch nach der Spielfähigkeit der Schüler, Eltern und nach seiner eigenen. Er möchte geeignete Spiele genannt bekommen und Spielformen kennenlernen. Fragt man, warum in der Schule gespielt wird, so wird Spielen häufig als zusätzliches Angebot beschrieben, als Entspannung von etwas, als Belohnung für etwas oder als sporadische Auflockerung beim Üben. Seltener wird Spielen als Prinzip oder als eine Lernform genannt.

Die Bedeutsamkeit der spielerischen Komponente, gerade in der Schulanfangsphase, wird allseits gesehen und anerkannt. Ob sich die spielerische Komponente als Prinzip und atmosphärisch darstellt oder in gelegentlichen Einzelaktionen erschöpft, wird hier nicht untersucht. Vielmehr sollen anhand von Beispielen Spielmöglichkeiten aufgezeigt werden, die Orientierungshilfe sein wollen und Mut machen zum „Selberfinden".

Spiele für die Schulanfangsphase sollten folgende Merkmale haben:

– Die im Spiel verlangten Tätigkeiten sollten Formen des Bewegens sein, die Spieler zum Bewegen veranlassen.

- Die spielerische Handlung soll unter Beachtung erforderlicher Regeln so offen sein, daß Schülerbeobachtung unter dem Gesichtspunkt der Schulfähigkeit möglich ist, das bedeutet auch:
- Die spielerische Handlung sollte in einem auch für die Kinder überschaubaren Spannungsbogen ablaufen können, um Freude und Spielerfolg bewußt wahrnehmen zu können.
- Inhalte und Regeln der Spiele sollten dem Entwicklungsstand der Kinder gut angepaßt sein. Eine gute Anpassung enthält auch immer ein Stück Forderung.
- Das Regelsystem der Spiele sollte eindeutig und für die Kinder überschaubar sein.
- Eingriffsmöglichkeiten des spielenden Kindes hinsichtlich der Abwandlung vorgegebener Regeln müssen gegeben sein.

Spiele vermitteln den Kindern auch Lernchancen; sie sind insofern nicht zweckfrei, sondern zielgerichtet.

- Sie motivieren.
- Sie fördern Fähigkeiten insbesondere im motorischen, sensorischen und sprachlichen Bereich.
- Sie ermöglichen Differenzierung und Individualisierung und damit zugleich gezielte Beobachtung.
- Sie tragen zum sozialen Lernen bei, indem handlungsorientiert einsichtig gemacht werden kann, daß
  ○ Spiele zu kennen, Spielmöglichkeiten erschließt.
  ○ das Einhalten vereinbarter Regeln das Miteinanderumgehen erleichtert.
  ○ das Erlernen von Regeln, Texten und Bewegungsabläufen sinnvolle Voraussetzung für reibungslosen Spielablauf ist.
  ○ die Dauer der Spiel- und Bewegungsphase festliegt, nicht beliebig überschritten werden kann und gegebenenfalls eigene Wünsche zurückgestellt werden müssen.
  ○ Pünktlichkeit die Spielzeit verlängert.

Die tägliche Spiel- und Bewegungszeit sollte mindestens 10 bis 15 Minuten umfassen. Diese verhältnismäßig kurze Zeitspanne ist deshalb sorgfältig zu planen und vorzubereiten. Die erforderliche Zeit läßt sich überwiegend aus der dritten Sportstunde gewinnen.
In den ersten sechs Wochen sind drei Bereiche besonders zu berücksichtigen:

- Pausenhofspiele
- Spiele im Raum
- Spiele, durch die Fähigkeiten trainiert werden.

Die Kinder lernen die Spielgeräte auf dem Pausenhof kennen, um sie gefahrlos benutzen zu können. Sind auf dem Pausenhof markierte Flächen für Hüpfspiele aufgezeichnet, sollten die Kinder auch mit den Grundregeln dieser Spiele vertraut gemacht werden, damit sie Vorgaben entsprechend nutzen und im Laufe der Zeit eigene Spielformen finden können.
Sie lernen Spiele ohne Material kennen, die sich als *Pausen- oder Freizeitspiele* eignen.

Zum Beispiel:

1. Mutter, wie weit darf ich reisen?
Material: –
Die Kinder stehen auf der Grundlinie eines Spielfeldes. An der gegenüberliegenden Seite steht ein Kind, die „Mutter". Nacheinander fragen die Mitspieler: „Mutter, wie weit darf ich reisen?" Die Mutter sagt jedem Kind eine Anzahl von Schritten zwischen 1 und 5. Sie kann auch noch die Schrittlänge bestimmen, z. B. Elefanten- schritte oder Mäuseschritte. Die Kinder tun, was die Mutter sagt. Die Mutter muß darauf achten, daß ihr keines der Kinder zu schnell nahe kommt. Das Kind, das schließlich als erstes bei der Mutter ankommt, löst sie im nächsten Spiel ab. (Die Kindergruppe darf nicht so groß sein, damit die Wartezeit nicht so lang ist.)

2. Fischer, welche Fahne weht heute?
Auf einer Seite des Spielfeldes steht ein Spieler als Fischer, auf der gegenüberliegen- den Seite die übrigen Mitspieler. Sie fragen: „Fischer, Fischer, welche Fahne weht heute?" Der Fischer nennt eine beliebige Farbe, z. B. blau. Alle Spieler, die etwas Blaues tragen, versuchen die gegenüberliegende Seite zu erreichen ohne vom Fischer gefangen zu werden. Gefangene Mitspieler werden zu Helfern des Fischers. Der Fischer muß durch entsprechende Farben für die „Fahne" alle Mitspieler von der einen Seite zur anderen bewegen.

3. Fischer, wie tief ist das Wasser?
Auf einer Seite des Spielfeldes steht ein Mitspieler als Fischer, auf der gegenüberlie- genden Seite die übrigen Mitspieler. Sie fragen: „Fischer, Fischer, wie tief ist das Wasser?" Der Fischer gibt eine beliebige Tiefe an, z. B. 20 m. Die Mitspieler fragen weiter: „Wie kommt man darüber?" Der Fischer nennt eine Gangart, z. B. „Durch Hüpfen auf dem rechten Bein". Nun müssen die Mitspieler versuchen, durch Hüpfen auf dem rechten Bein die gegenüberliegende Seite zu erreichen, ohne vom Fischer gefangen zu werden. Wer gefangen wird, wird Fischergeselle. Der zuletzt gefangene Spieler wird neuer Fischer.

4. Kettenhaschen
Ein Fänger versucht, einen der Mitspieler abzuschlagen. Der Abgeschlagene reiht sich mit Handfassung an, ebenso jeder weitere, so daß eine Kette entsteht. Ablösung des Fängers erfolgt nicht. Es wird gefangen, bis kein Spieler mehr übrig ist. Nur die Außenglieder der Kette haben Schlagrecht. Reißt die Kette, ist der Abschlag ungültig.

5. Dritten abschlagen
Kreis bilden, jeweils 2 Mitspieler stehen hintereinander, dazwischen muß Platz zum Durchlaufen bleiben. Zwei Spieler laufen außen um den Kreis herum, der eine soll den anderen fangen. Wird der Gejagte müde, stellt er sich vor ein Paar, der nunmehr Dritte muß laufen. Auch der „Jäger" kann sich vor ein Paar stellen ... wer gefangen wird, spielt den Jäger.

143

6. Wer fürchtet sich vorm schwarzen Mann

Hinter einer Stirnseite eines Spielfeldes stehen die Spieler, gegenüber steht ein Mitspieler als „schwarzer Mann". Er ruft: „Wer fürchtet sich vorm schwarzen Mann?", die Spieler antworten: „Niemand!" Die Spieler versuchen, die gegenüberliegende Seite zu erreichen. Der „schwarze Mann" versucht, einen Spieler abzuschlagen, der dann „schwarzer Mann" wird. Es sind allerdings drei Schläge erforderlich. (Mehrere Varianten möglich.)

7. Bruder hilf!

Auf dem Pausenhof (Sportplatz) wird „Fangen" gespielt. Durch Auszählen wird einer zum Fänger ernannt, der einen andern Mitspieler anschlagen muß. Damit macht er den Angeschlagenen zum Fänger. Angeschlagen werden darf nur ein allein laufender Mitspieler. Die Mitspieler versuchen deshalb, einen Partner zu finden, sobald sich der Fänger nähert. Sie rufen dabei: „Bruder hilf!". Zu zweit sind sie unantastbar.

8. Berliner Luft

Ein Kind stellt sich mit dem Gesicht zur Wand, die anderen Mitspieler bilden im Abstand von ca. 6–8 m eine Reihe. Das Kind an der Wand spricht in selbstgewählter Geschwindigkeit die Worte „Berliner – liner Luft" und dreht sich dabei zu den anderen um. Diese versuchen, währenddessen ungesehen die Wand zu erreichen. Wer bei der Vorwärtsbewegung entdeckt wird, muß an den Ausgangspunkt zurück und von vorn beginnen. Sieger ist, wer zuerst die Wand angeschlagen hat.

9. Zublinzeln

Kreis bilden, jeweils 2 Mitspieler stehen hintereinander. Der Hintere hält den Vorderen an den Schultern fest. Ein Spieler steht alleine da; er sucht sich einen Partner, indem er einem der Vorderen zublinzelt. Der versucht, sich von seinem Hintermann loszureißen und zu dem Alleinstehenden zu rennen. Gelingt es, muß der, der nun allein steht, blinzeln; gelingt es nicht, muß der erste einen anderen Partner suchen. (Varianten möglich.)

10. Steh' Bock, Lauf' Bock (fangen und befreien)

Einer aus der Gruppe wird durch Auszählen zum Fänger bestimmt. Die anderen laufen vor ihm weg. Der Fänger bemüht sich, die Mitspieler nacheinander anzuschlagen. Sobald er einen erwischt, ruft er: „Steh' Bock!". Der Angeschlagene bleibt stehen, verschränkt die Arme, stellt die Beine auseinander und darf sich nicht mehr von der Stelle bewegen. Er wird befreit, wenn ihm ein Mitspieler durch die gespreizten Beine kriecht und dabei ruft: „Lauf' Bock!"

Spiel und Bewegung sind nicht ausschließlich für den Pausenhof gedacht, sondern ebenso im Klassenraum, in der Pausenhalle und der Turnhalle möglich und erforderlich. Im musischen Bereich sind bereits Beispiele von Spielliedern genannt, die ohne großen Zeitaufwand und ohne Raumwechsel eingesetzt werden können. Spiellieder bedürfen ebenso wie kleine Tänze der Anleitung durch die Lehrkraft.

Aus einer Vielzahl anderer Spiele sollen hier einige beispielhaft genannt werden, die als Spiele im Raum für die Schulanfangsphase geeignet sind.

1. Mein rechter Platz ist leer
ich wünsche mir ... hierher.
Material: –
Ein Spiel zum Kennenlernen und Üben von Namen.
Die Kinder sitzen auf Stühlen im Kreis, ein Platz bleibt frei. Das Kind links vom freien Platz ruft: „Mein rechter Platz ist leer, ich wünsche mir (z.B.) Henrike her." Schnell setzt sich Henrike auf den freien Platz. Nun darf sich Henrikes verlassene linke Nachbarin ein anderes Kind auf den leer gewordenen Platz wünschen und so fort.

Das Spiel ist vielfach variierbar, z.B.:

- alle Kinder erhalten einen Blumennamen,
- alle Kinder erhalten einen Tiernamen,
- es wird eine Farbe benannt, wer ein Kleidungsstück dieser Farbe trägt, darf auf den freien Platz kommen,
- Straßennamen,
- Gegenstände der Klasse,
- Berufe.

2. Kieler Segelregatta
Material: Papierschiffchen, Garn, Garnrolle.
Die selbst gebastelten Papierschiffchen anbinden. Die Schiffchen mit der Garnrolle quer durch den Raum zu sich heranziehen und dabei das Garn aufwickeln.

3. Ich sehe was, was du nicht siehst
Material: –
„Ich sehe was, was du nicht siehst, und das ist rot." Alle raten mit. Wer es gefunden hat, darf weitermachen.
Varianten: Statt Farben können Eigenschaften oder Formen gesucht werden. Zu Farben, Eigenschaften oder Formen wird zusätzlich ein Merkmal genannt, z.B. „Ich sehe was, was du nicht siehst, und das ist viereckig und kann bewegt werden."

4. Kofferpacken
Material: –
Wir wollen einen Koffer für die Reise packen. Ein Kind beginnt. „Ich packe mein Badezeug ein. Und du?" Das gefragte Kind wiederholt zunächst, was eingepackt wurde und darf erst dann dazupacken und das nächste Kind zum Weiterpacken auffordern. Das Spiel beginnt von vorn, wenn nicht mehr alle eingepackten Gegenstände genannt werden können.
Variante: Ein Kind geht nach draußen, die übrigen beschließen, für wen der Koffer gepackt werden soll. Das Kind kommt von draußen wieder herein und fragt reihum: „Was packst du ein?"

Genannt werden dürfen nur Kleidungsstücke oder Gegenstände, die das Kind, für das der Koffer gepackt wird, trägt oder bei sich hat. Doppelnennungen sind möglich. Das Spiel beginnt neu, wenn erkannt wurde, für wen gepackt worden ist.

5. Reise nach Jerusalem

Material: Stühle

Die Stuhlreihe wird so quer durch den Raum gestellt, daß Sitz und Lehne der Stühle abwechselnd entgegengesetzt stehen. Es wird ein Stuhl weniger aufgestellt als Mitspieler da sind.

Die Kinder gehen im Gänsemarsch, Hände auf dem Rücken, um die Stuhlreihe herum und singen:

„Wir reisen nach Jerusalem – wer will mit?"

Plötzlich hebt der Anführer den Arm und ruft: „Rast!". Schnell setzt sich jeder auf einen Stuhl. Wer keinen Platz findet, muß zur Seite treten. Ein Stuhl wird weggenommen, und das Spiel geht weiter. Die Zahl der Wanderer wird von Rast zu Rast immer kleiner, bis schließlich nur noch 2 um den letzten Stuhl kreisen. Wem es gelingt, sich bei dieser letzten Rast auf den Stuhl zu setzen, der hat gewonnen.

6. Obstkorb fällt um (Obstsalat)

Material: –

Die Schüler sitzen im Kreis. Ein Schüler hat keinen Sitzplatz; er steht im Kreis (Spielführer). Den Schülern werden Namen von Obstsorten so zugewiesen, daß es jeweils mehrere Äpfel, Birnen, Kirschen ... gibt. Der Spielführer ruft z. B. auf: „Äpfel und Kirschen!". Diese Kinder tauschen jetzt ihre Plätze; der Spielführer versucht, einen freien Platz zu besetzen. Wer keinen Sitzplatz findet, ist neuer Spielführer. Ruft der Spielführer: „Obstsalat!", müssen alle Schüler die Plätze tauschen.

Als Varianten sind denkbar:
– Namen von Gemüsesorten
– Tiernamen
– Blumennamen u. a.
Das Spiel muß dann jeweils einen anderen Namen bekommen, der von den Schülern zu finden ist.

7. Das Handwerkerspiel

Zwei Spieler sind Meister und Geselle, die übrigen Lehrlinge. Die Lehrlinge sitzen im Kreis. Meister und Geselle entfernen sich von den Lehrlingen und einigen sich flüsternd auf ein Handwerk, das sie darstellen wollen. Sie kommen zurück in den Kreis und sprechen: „Wir kommen von Schlampampen und haben ein -T- im Wampen!". Dabei nennen sie den Anfangsbuchstaben des Handwerkes, das sie gleichzeitig durch Gebärden darstellen. Dreimal dürfen die Lehrlinge raten. Rät einer richtig, wird er zum Gesellen, der Geselle zum Meister, der Meister setzt sich zu den Lehrlingen. Wird das Handwerk nicht erraten, müssen sich die beiden ein neues ausdenken.

8. Stumme Antworten

Einer tritt vor die Klasse und erklärt den Mitspielern, daß sie jetzt alle stumm sind und seine Fragen nur durch Gebärden beantworten sollen. Einige Fragen lassen sich an alle gemeinsam stellen, z. B.:
Welches Instrument hörst du gerne?

Welche Speise ißt du am liebsten?
Andere sind einzeln zu stellen, z. B.:
Wann bist du geboren?
Was tust du, wenn du allein zu Hause bist?

Bei diesem Spiel lassen sich manchmal bemerkenswerte pantomimische Fähigkeiten entdecken.

9. Softball werfen

Wir sitzen im Kreis. Ein Softball wird von einem zu anderen geworfen. Wer den Ball fängt, nennt seinen Namen und seine Adresse. Dann wirft er ihn zu einem beliebigen anderen Schüler. Das Spiel geht weiter, bis alle sich vorgestellt haben.

10. Der Spaziergang

Es wird von einem Spaziergang erzählt. Die Schüler vollziehen die Erzählung durch entsprechende Gebärden und gegebenenfalls Geräusche mit. Zum Beispiel:
Wir machen einen Spaziergang zur Aue. Zuerst ziehen wir uns wandermäßig an. Erst einmal die festen Schuhe (…), die Schleife mußt du gut binden (…), jetzt die Jacke (…), denn es ist kühl. Der Reißverschluß klemmt (…), na, endlich (…). Kann es nun losgehen? Wir schauen uns um (…), ob alle fertig sind. Wir steigen die Treppe hinunter (…), öffnen die Schultür (…) und schauen erst einmal zum Himmel (…). Es wird wohl trocken bleiben. Nachdem wir den Schulhof überquert haben, biegen wir auf der Straße nach links ab (…). An der Kreuzung müssen wir die Hauptstraße überqueren, aber die Ampel zeigt rot (…). Da ist was los! (…). Wir haben grün und dürfen gehen (…). Auf der anderen Seite biegen wir noch einmal links ab (…) und erreichen bald die Eisenbahnbrücke. Gerade fährt ein Güterzug unter uns durch (…). Von der anderen Seite kommt ein Personenzug angefahren (…). Wir warten und winken (…). Hinter der Eisenbahnbrücke gehen wir die Treppe hinunter, 16 Stufen (…), biegen rechts ab (…) und gehen dann geradeaus bis zum Ortsausgang. Hier verlassen wir die Straße und gehen über einen Wiesenweg zur Aue. Man kann uns kaum hören (…).

Ein Hase wird von uns aufgescheucht; er hoppelt eilig fort (…). Eine dicke Hummel summt neben uns (…), jetzt sehen wir sie (…); sie setzt sich auf eine Blume, die neigt sich ganz herunter (…). Die Hummel fliegt weiter (…), und die Blume richtet sich wieder auf (…). Florian ruft: „Da ist ja die Aue!"

11. Schnapp hat den Hut verloren

Die Mitspieler sitzen im Kreis. Jeder bekommt eine Zahl gesagt, die er sich merken muß. Der Spielleiter sagt: „Schnapp hat den Hut verloren, Sechs hat ihn." Die Sechs muß schnell reagieren und sagt z. B. „Sechs hat ihn nicht, Vier hat ihn." Vier antwortet: „Vier hat ihn nicht, Sieben hat ihn."

Wer nicht aufpaßt oder eine Zahl nennt, die nicht verteilt wurde, muß eine vorher verabredete Aufgabe lösen (Ereigniskarten!)

12. Mein rechter Platz ist frei

Alle Mitspieler sitzem im Kreis, ein Platz bleibt frei. Der links neben dem freien Platz sitzende Mitspieler schlägt mit der rechten Hand auf den Stuhl und sagt dabei: „Mein rechter, rechter Platz ist frei, ich wünsche mir die/den _____ herbei." Die Kinder ergänzen gerne „als Hund, als Krokodil o. ä." Der aufgerufene Mitspieler wechselt den Platz, und das Spiel beginnt von vorn.

13. Ozeanwelle

Alle Spieler sitzen im Kreis. Die Stühle müssen eng nebeneinander stehen. Ein Stuhl bleibt frei. Ein Spieler kommt als „Kapitän" in die Mitte und gibt das Kommando. Ruft er „nach rechts!" müssen alle Mitspieler schnell in dieser Richtung weiterrücken. Beim Kommando „nach links!" geht es in die andere Richtung.

Es kommt beim Weiterrücken auf die Schnelligkeit an, denn der Kapitän versucht, einen freien Platz zu erwischen. Gelingt es ihm, muß derjenige, der nicht schnell genug weitergerückt ist, als „Kapitän" in den Kreis.

14. Watte pusten

Alle Mitspieler sitzen um einen Tisch, auf dem ein Flöckchen Watte liegt. Auf Kommando des Spielleiters beginnen alle zu blasen. Jeder bemüht sich, die Watte von seinem Platz fernzuhalten und verhindert, daß sie vom Tisch fällt.

Gruppenspiel: Welche Gruppe hält die Watte am längsten in Bewegung? Um ein Verschlucken der Watte zu verhindern, können Strohhalme zum Blasen benutzt werden.

15. Luftballons aufblasen

Luftballons werden aufgeblasen zur bewußten Atmung und zur Kräftigung der Lippen. Spaß macht es, den Ballon durch den Raum flitzen zu lassen, die Luft geräuschvoll entweichen zu lassen oder den zugeknoteten Ballon möglichst lange durch Antippen in der Luft zu halten.

16. Teekesselchen

Hierbei geht es darum, einen Begriff mit zwei oder mehr Bedeutungen zu erraten.

Zwei Spieler verabreden vor der Tür einen Begriff mit doppelter Bedeutung und beschreiben ihn dann zunächst allgemein, dann immer genauer.
A: Mein Teekesselchen gibt es in jedem Gebäude.
B: Mein Teekesselchen ist ein Gebäude.
A: Mein Teekesselchen ist klein.
B: Mein Teekesselchen ist groß.
A: Mein Teekesselchen kann rosten.
B: Mein Teekesselchen wird von vielen Leuten besichtigt.

Die Mitspieler müssen das Fragenpaar erraten, hier: das Schloß einer Tür und das Schloß eines Königs.

Spiele, durch die Fähigkeiten trainiert werden

Aus einer Fülle von Angeboten werden auch zu diesem Bereich lediglich beispielhaft einige Vorschläge unterbreitet.

Das Angebot bedarf des kritischen Prüfens und Abwägens hinsichtlich der Zielsetzung während der Schulanfangsphase, durch Beobachtung die Lernausgangslage der Schüler zu ermitteln, durch entsprechende Hilfen, die Arbeit in den Lehrgängen vorzubereiten und bei Zweifelsfällen, die Entscheidung über Schulfähigkeit sicherer treffen zu können.

Die optische und akustische Wahrnehmungsfähigkeit ist eine Voraussetzung für die erfolgreiche Mitarbeit in den Lehrgängen. Deshalb muß vor Beginn der Lehrgänge sichergestellt sein, daß diese Fähigkeiten bei allen Schülern hinreichend entwickelt sind. Zur Beobachtung und zum Training eignen sich folgende Spiele:

- Memories (verschiedene Verlage oder eigene Produktion:
            Bild-Bild bzw. Wort-Bild Zuordnung)
- Lotto   (verschiedene Verlage oder eigene Produktion)
- Puzzle   (verschiedene Verlage oder eigene Produktion
            evtl. in Zusammenarbeit mit Eltern bzw. Kindern)
- Domino   (Bilder, Zahlen, Mengen)
- Schnipp-Schnapp, Ravensburger Verlag
- Schau genau, Ravensburger Verlag
- Contact, Ravensburger Verlag
- Blinde Kuh, Ravensburger Verlag
            (oder mit Gegenständen aus der Klasse zu spielen)
- Differix, Ravensburger Verlag
- Symmetrix, Ravensburger Verlag
- Quips, Ravensburger Verlag
○ Mathematik- Formenplättchen ordnen, Reihen oder Muster legen
○ Bildergeschichten ordnen und dazu erzählen
○ Zu einem gesprochenen Wort das passende Bild finden
  (Erschwerung durch ähnlich klingende Wörter)
○ Reimwörter finden
○ Rhythmen aufnehmen und wiedergeben
○ Geräusche erkennen, benennen und zuordnen
○ einer Tonrichtung nachgehen

Konzentrations- und Merkfähigkeit müssen während der Schulanfangsphase durch ständige Übung weiterentwickelt werden. Folgende Spiele sind dafür geeignet:

- Schnipp-Schnapp, Ravensburger Verlag
- Stapelmännchen, Ravensburger Verlag
- Schau genau, Ravensburger Verlag
- Memories
- Bilderlotto
- Puzzle
- Schnapp hat den Hut verloren (s. S. 147)
- Mein rechter Platz ist frei (s. S. 147)
- Kofferpacken (s. S. 145)
- Der Obstkorb fällt um (s. S. 146)
- Ozeanwelle (s. S. 148)
- Kimspiele
- Grabbelsack

Die Grundlage für Sprechverhalten und Wortschatz der Lernanfänger ist in der vorschulischen Zeit in unterschiedlicher Weise geschaffen worden. Vor Beginn der Lehrgänge ist eine vergleichbare Lernausgangsbasis anzubahnen, die Sprechbereitschaft zu fördern, der Wortschatz zu erweitern und zu aktivieren und die Artikulationsfähigkeit zu steigern.
  Dazu eignen sich u. a. folgende Spiele:

- Spielgeschichten, Ravensburger Verlag
- Wir legen Geschichten, Finken Verlag, Oberursel
- Mausefalle, Ravensburger Verlag
- Sehen, Hören, Sprechen, Ravensburger Verlag
- Sprechlernspiele, Ravensburger Verlag
- Memories
- Lotto
- Quartett
- Watte pusten (s. S. 148)
- Luftballons aufblasen (s. S. 148)
- Ich sehe was, was du nicht siehst (s. S. 145)
- Teekesselchen (s. S. 148)
- ○ Zungenbrecher (s. S. 135)
- ○ Gegenstände verstecken und durch Fragen finden
- ○ Dinge ertasten, erraten und beschreiben (Grabbelsack)
- ○ Gegenstände ordnen und Oberbegriffe finden
- ○ Pantomime interpretieren
- ○ Rollenspiele

Alle diese Spiele sind geeignet, Kontaktfähigkeit und Kooperationsfähigkeit zu beobachten und zu schulen.

Schülerbeobachtung

Der Schülerbeobachtung, die sicher während der gesamten Schulzeit von entscheidender Wichtigkeit ist, kommt während der Schulanfangsphase besondere Bedeutung zu, denn die Lehrkräfte wollen und müssen die Lernanfänger so gut wie irgend möglich kennenlernen. Schriftliche Verfahren zur Feststellung der Lernausgangslage entfallen weitgehend; gerade deshalb ist die gezielte Beobachtung unverzichtbar.

Die Kriterien zur Feststellung der Schulfähigkeit geben Hinweise, was beobachtet werden kann bzw. sollte.

Bezüglich der praktischen Durchführung von Beobachtungen äußern Lehrkräfte häufig Bedenken. Wie soll ich beobachten, wenn ich doch zugleich unterrichten muß? Bei 20 und mehr Schülern in einer Klasse bleibt für Beobachtung keine Zeit. Für Schülerbeobachtung bin ich nicht ausgebildet. Wie soll ich Beobachtetes schriftlich fixieren? Ich merke doch sowieso, wer mitarbeiten kann u. ä.

Bedenken dürfen weder zu der Auffassung führen, auf Schülerbeobachtung verzichten zu können, noch zu der Meinung, mit Beginn der Lehrgangsarbeit wird sich herausstellen, wer fähig und bereit ist, mitzuarbeiten.

Schülerbeobachtung in der Schulanfangsphase soll im wesentlichen zwei Funktionen erfüllen:

Feststellen, ob alle eingeschulten Kinder schulfähig sind und Voraussetzungen schaffen, die Schüler durch geeignete Maßnahmen zu fördern, damit sie schulfähig werden. Dabei kann auch festgestellt werden, daß trotz gezielter Fördermaßnahmen die Schulfähigkeit nicht erreichbar ist und deshalb die Zurückstellung vom Schulbesuch als geeignete Maßnahme für solche Kinder eine hilfreiche Entscheidung ist, die sonst ständiger Überforderung ausgesetzt wären.

Es kann hier nicht der Ort sein, die Thematik und zugleich Problematik grundsätzlich anzusprechen.

Zu den häufig von Lehrkräften geäußerten Bedenken hinsichtlich der praktischen Durchführung von Beobachtungen sollen helfende Hinweise gegeben werden.

Zunächst möchten wir nachdrücklich ermutigen:

Beobachten kann man lernen.

Um die eigenen Fähigkeiten zu erkennen, nimmt man sich vor, in einer Stunde einen Schüler zu beobachten, einfach so, zunächst ohne Anlaß oder Problemstellung bzw. Beobachtungsziel. Eine Stunde vor einer großen Pause oder vor Unterrichtsschluß eignet sich für den Anfang am besten; denn dann läßt sich unverzüglich nach der Stunde aufschreiben, was beobachtet wurde. Notiert werden sollte stichwortartig, so wie es gerade einfällt. Beim Überprüfen der Notizen sollte man sich bewußt machen, was beobachtet wurde und sich zugleich fragen:

Waren es (nur) Auffälligkeiten negativer oder positiver Art oder wurde auch regelkonformes Verhalten beobachtet und notiert?

Was ist unverzüglich (zuerst) eingefallen, was erst nach Überlegen bzw. Nachdenken?

Gab es Unterrichtsphasen, in denen keine Zeit zum Beobachten blieb, gab es Phasen, in denen das Beobachten leicht(er) fiel?

Lassen die Notizen unter Umständen einen Schwerpunkt erkennen, der nicht von vornherein intendiert war? Läßt sich im Nachhinein ein Grund für diese Schwerpunktbildung finden?

Ist in beschreibender oder wertender Sprache aufgeschrieben worden? Wurde möglicherweise Beobachtetes sogleich interpretiert? Welche Erkenntnisse ließen sich gewinnen?

Ergaben sich bei der Durchführung der Beobachtung Schwierigkeiten?

Schon die Bewußtseinsbildung durch diese und ähnliche Fragestellungen hilft zur klareren Einschätzung der Schülerbeobachtung. Vielleicht wird erkannt, daß es schwerfällt, zunächst einmal einfach wertfrei festzustellen, was ein Schüler tut. Gerade Lehrkräfte neigen dazu, Beobachtetes unverzüglich für gravierend zu halten, es subjektiv zu deuten und bewußt oder unbewußt in einen Zusammenhang zu stellen. Damit besteht die Gefahr, Beobachtetes zu überschätzen und es vorschnell zu Eigenschaften zu verdichten. Wenn positive oder negative Verhaltensauffälligkeiten beobachtet werden, wird häufig unreflektiert übertragen auf andere Situationen bzw. Bereiche mit derselben Erwartung. Es wird auch oft ungewollt mit anderen Schülern verglichen und eine wertende Rangordnung aufgestellt. Stattdessen sollten Ereignisse zunächst einmal unvoreingenommen registriert werden, indem notiert wird, was der Schüler tut bzw. getan hat. Zum Beispiel „Sitzt ruhig und schaut die Lehrerin an" statt „hört aufmerksam zu" oder „legt den Kopf auf den rechten Unterarm und blickt zur Tafel" statt „ist offensichtlich müde" oder „kippelt auf seinem Stuhl" statt „ist total abgelenkt".

Es hilft und erhöht die Objektivität, wenn beim Notieren Verben und Adverbien gebraucht werden. Geraten Notizen zu adjektivischen oder substantivischen Schilderungen, liegt die Gefahr subjektiver Wertung nahe.

Die selbst gestellte Aufgabe, einen Schüler „einfach so" zu beobachten und Beobachtetes hinterher zu notieren, hat bereits eine Einstellung auf diese Aufgabe ausgelöst. Gab es möglicherweise dennoch Schwierigkeiten, weil einzelne Episoden oder Situationen schon beim Notieren verblaßt waren? Unter Umständen ist es hilfreich, wenn ein Raster bereitgelegt wird, in das während des Unterrichts lediglich ein Stichwort zu den Beobachtungen eingetragen wird, um der Gefahr der Einschmelzung einzelner Beobachtungen zu einem Gesamteindruck zu entgehen. Raster können ganz einfacher Art sein; für die Gelegenheitsbeobachtung einzelner Schüler genügt es, die Namen aufzuschreiben und dahinter einige Felder zu markieren für Stichworte.

Maik				
Karin				
Tobias				
Rike				

Die Stichworte helfen, das Ereignis, die Situation deutlicher zu erinnern. Das Übertragen in ein Merkheft der Lehrkraft kann in der unterrichtsfreien Zeit erfolgen. Drei wesentliche Vorteile sind damit verbunden:

Die Lehrkraft sammelt von Anfang an fundierte Hinweise für die Eintragungen in den Schülerbegleitbogen.

Es wird sehr bald augenfällig, ob für alle Schüler Beobachtungsergebnisse vorliegen oder ob möglicherweise gerade die stillen, unauffälligen Schüler zu wenig beachtet wurden.

Die Lehrkraft wird aufmerksam, Gelegenheitsbeobachtungen systematisch zu ergänzen.

Systematisch beobachten heißt: Beobachtungsziele bzw. ein Beobachtungsziel festlegen. Da es nicht möglich ist, das gesamte Verhalten eines oder mehrerer Schüler zu fixieren, sollten, auch aufgrund der Ergebnisse von Gelegenheitsbeobachtungen, Schwerpunkte festgelegt werden. Für die Zielsetzung bzw. den für notwendig erachteten Schwerpunkt werden beobachtbare Kategorien aufgestellt und in ein Raster aufgelistet für Kurznotizen während der Beobachtungszeit. Zwei Beispiele mögen das Gemeinte verdeutlichen (s. S. 151 u. 152).

Auf diese Weise lernt man die Schüler immer besser kennen, erkennt Auffälligkeiten, Stärken und Schwächen und kann den Unterricht gezielter vorbereiten und durchführen. Es läßt sich so auch feststellen, bei welchen Schülern zusätzliche gezielte Beobachtungen erforderlich sind und für welche Bereiche weitere Erkenntnisse benötigt werden, um gegebenenfalls Schüler nach dem jeweiligen Bedürfnis fördern zu können.

Weil häufig der Zeitfaktor als hemmend herausgestellt wird, sollten anfangs Unterrichtssituationen mit eingeschränkter Lehreraktivität für Beobachtungen genutzt werden.

Zum Beispiel Stillarbeitsphasen, Lernkontrollen, Einzelarbeit, Partnerarbeit, Arbeit in Gruppen, freies Arbeiten, Spiel- und Bewegungszeit, Umgang mit Materialien, gemeinsames Frühstück u. ä. Auch außerhalb des eigentlichen Unterrichtes bieten sich Beobachtungsmöglichkeiten an. Zum Beispiel auf dem Schulweg, in der Pause, im Schulgebäude, im Klassenraum vor und nach Unterrichtsbeginn, in Umkleideräumen, bei Schulveranstaltungen usw.

Bietet sich die Möglichkeit an, eigene Beobachtungen durch die anderer Kollegen zu ergänzen, sollten sie unbedingt genutzt werden.

Zum Beispiel Sozialpädagogen im Rahmen der nachgehenden Betreuung, Fachlehrer, soweit sie im ersten Schuljahr unverzichtbar sind, Kollegen bei gegenseitigen Hospitationen, Schulleiter bei der Beratung im Unterricht.

In problematischen Fällen sollte eine notwendige Entscheidung immer durch Beobachtungen anderer gestützt werden.

Die einfachste Möglichkeit zu einer weitgehend umfassenden Schülerbeobachtung ist die gegenseitige Hospitation.

Rasterentwurf zur schnellen Fixierung von Schülerbeobachtung

Namen	Selbständigkeit			Ausdauer		Arbeitsgenauigkeit			Sozialverhalten				Kreativität		
	bei kognitiver Aufgabenstellung	bei affektiver Aufgabenstellung	bei manueller Aufgabenstellung	Schwierigkeits-grad	Zeitspanne	Gründlichkeit	Sorgfalt	Aufgaben-bewältigung	Zusammen-arbeit	Kontakte	Problem-lösung	Meinungs-bildung	Ideen entwickeln	unbekannte Auf-gaben ausprobieren	neue Lösungswege finden u. verfolgen

Skala:

Selbständigkeit:
0 = gar nicht
1 = gelegentlich
2 = häufig
3 = immer

Ausdauer:
0 = —
1 = gering
2 = mittel
3 = groß

Arbeitsgenauigkeit:
0 = gar nicht
1 = nur auf Aufford.
2 = bei Gelegenheit
3 = von sich aus

Sozialverhalten:
0 = gar nicht
1 = weicht aus
2 = behauptet sich
3 = von sich aus für andere

Kreativität:
0 = gar nicht
1 = gelegentlich
2 = häufig
3 = sehr häufig

154

Name	Selbständigkeit			Ausdauer			Genauigkeit			Zeit		
	a) allein	b) gelegentl. Hilfe	c) ständige Hilfe	a) längere Ausdauer	b) normale Ausdauer	c) kurze Ausdauer	a) besonders gründlich	b) gründlich	c) nicht gründlich genug	a) kürzere Zeit als vorgesehen	b) vorgesehene Zeit	c) mehr Zeit als vorgesehen

Literaturhinweise

Arbeitskreis Grundschule e. V.: Modell „Erstes Schuljahr". Frankfurt 1975

Arbeitskreis Grundschule e. V.: Fibeln und Erstlesewerke I und II, Fibeln und erster Leseunterricht. Schreiben ist wichtig. Mathematik für Kinder u. a. Frankfurt

Bund-Länder-Kommission für Bildungsplanung und Forschungsförderung: Evaluation von Innovationen im Bereich der Grundschule/Primarschule. Basel 1981

Claussen, C.: Praktische Vorschläge für einen besseren Übergang ins Schulleben. Freiburg 1977

Deutscher Bildungsrat: Gutachten und Studien der Bildungskommission. Bd. 47–49. Stuttgart 1975

Fischer, Aloys: Leben und Werk, Band 1. München, o. J.

Flitner, Wilhelm: Die vier Quellen des Volksschulgedankens. Stuttgart 1954

Gerbaulet, S./Klemm, B.: Grundschule Kinderschule. Kronberg/Ts. 1977

Gümpel, R.: Erstleseunterricht. Scriptor-Verlag 1980

Haarmann, D.: Das erste Pflichtschuljahr in der Bundesrepublik Deutschland. In: Deutscher Bildungsrat: Die Eingangsstufe. Bd. I. Stuttgart 1975

Haarmann, D.: Lernen und Lehren im ersten Schuljahr. Frankfurt 1973

Hielscher, H.: Die Schule als Ort sozialer Selektion. Heidelberg 1972

Kemmler, L./Heckhausen, H.: Ist die sogenannte „Schulreife" ein Reifungsproblem? Zu: Weinert, F. (Hrsg.): Pädagogische Psychologie. Köln 1969, S. 437–513

Kern, A.: Sitzenbleiberelend und Schulreife. Freiburg 1955.

Krapp, A.: Probleme der multiplen Prognose des Schulerfolgs im ersten Grundschuljahr. München 1975

Lichtenstein-Rother, I.: Schulanfang. Frankfurt 1969

Lichtenstein-Rother, I.: Grundschule. Der pädagogische Raum für grundlegende Bildung. Beltz-Verlag 1987

Mandl, H.: Kognitive Entwicklungsverläufe bei Grundschülern. München 1975

Moeller-Andresen, U.: Das erste Schuljahr. Stuttgart 1973

Piechorowski, A.: Vielfältiger Erstleseunterricht. Ulm 1980

Radatz/Schipper: Handbuch für den Mathematikunterricht an Grundschulen. Hannover 1983

Regelein, S.: Lernspiele für die Grundschule. Ansbach 1980

Retter, H.: Reform der Schuleingangsstufe. Bad Heilbrunn 1975

Rüdiger, D./Kormann, A./Peez, H.: Schuleintritt und Schulfähigkeit. München 1976

Rumpf, H.: Unterricht und Identität – Perspektion für ein humanes Lernen. München 1976

Schwager, K. H.: Wesen und Formen des Lehrgangs im Schulunterricht. Weinheim 1966

Schwartz, E.: Der Leseunterricht 1. Wie Kinder lesen lernen. Braunschweig 1964

Schwartz, E.: Die Aufgabe des Schulanfangs. Zu: Pädagogische Welt 1968/11

Schwartz, E.: Die Grundschule – Funktion und Reform. Braunschweig 1969

Spranger, Eduard: Der Eigengeist der Volksschule. Heidelberg 1955

Wacker, Hermann: Bedeutung und Aufgabe des Schulanfangs. Hannover 1964

Wagner, R.: Formen spielerischen Lernens. Ansbach 1982

Handbuch Grundschule

Herausgegeben von Dieter Haarmann

Dieses Handbuch informiert über die aktuelle Situation der Grundschule und den gegenwärtigen Stand der Grundschulpädagogik und -didaktik.

Band 1

Allgemeine Didaktik: Voraussetzungen und Formen grundlegender Bildung
288 Seiten. Gebunden.
DM 68,– / öS 531,– / sFr 69,80
ISBN 3-407-62146-9

Band 1 zeigt die Veränderung ihrer gesellschaftlichen und theoretischen Grundlagen auf (Wandel der Kindheit, Öffnung von Schule und Unterricht, neues Lern- und Leistungsverständnis und andere allgemeindidaktische Fragen).

Band 2

Fachdidaktik: Inhalte und Bereiche grundlegender Bildung
350 Seiten. Gebunden.
DM 74,– / öS 577,– / sFr 75,90
ISBN 3-407-62147-7

Band 2 behandelt die jüngste Entwicklung der Inhalte und Lernbereiche des Grundschulunterrichts.

Preisänderungen vorbehalten

Beltz Verlag · Postfach 100154 · 69441 Weinheim

B_301